KB235154

1미터 테두리 법칙

1미터 테두리 법칙

"KIKASERU GIJUTSU" by Yoshiyuki Yamaguchi
Copyright © Yoshiyuki Yamaguchi 2008.
All rights reserved.
Original Japanese edition published by Kawade Shobo Shinsha,
Publishers, Tokyo.

This Korean edition published by arrangement with Yoshiyuki Yamaguchi
in care of The Appleseed Agency Ltd., Tokyo through Tuttle-Mori Agency, Inc.,
Tokyo and BC Agency, Seoul.

이 책의 한국어 판 저작권은 Tuttle-Mori 에이전시와 BC 에이전시를 통해 저작권자와 독점으로 계약한 지훈출판사에
있습니다. 저작권법에 의해 한국 내에서 보호를 받는 저작물이므로 무단전재와 복제를 금합니다.

강의, 강연, 프레젠테이션하는
사람들을 위한

1미터 테두리 법칙

야마구치 요시유키 지음, 전경아 옮김

남의 이야기는 귀담아 듣지 않는 세상

"있잖아, 내 얘기 좀 들어봐!"

여성들은 대화를 할 때 이런 말을 자주 쓴다.

누군가에게 이야기를 들려주고 싶고, 뭔가를 알려주고 싶은 감정은 인간의 본능이다. 누구나 그런 욕구를 갖고 있다. 하지만 역설적이게도 우리의 고민 대부분이 거기에서 발생한다.

"선생님, 프레젠테이션은 어떻게 하면 좋을까요. 얼마 전에 고객에게 신제품 설명회를 하러 갔는데, 전혀 반응이 없네요. 처음부터 전혀 들으려고 하지 않아요. 정말 힘이 빠집니다."

대학을 졸업한 제자들이 회사에 들어가서 4~5년 정도 지나면 내게 이런 고민을 가지고 온다. 아마 그들도 프레젠테이션을 해야 하는 고객에게 '제발 내 얘기 좀 들어주세요!' 라고 소리치고 싶은 심정일 것이다.

이런 고민을 들으면, 나는 늘 이렇게 말한다.

"고민하는 것은 자네들만이 아니야. 자네들의 상사도 자네들 같은 젊은 세대와 커뮤니케이션이 쉽지 않아서 고민하고 있을걸. 자신의 생각을 어떻게 하면 잘 전할 수 있을까, 어떻게 하면 자네들 같은 젊은이들이 그것을 듣게 할까, 하고 말이야. 이것이야말로 관리직에 있는 사람들의 큰 고민 중 하나지. 그렇지, 그 점은 우리 대학교수들도 마찬가지일세."

그렇다. 현재 대학교수들은 고민이 많다. 학생들이 수업시간에 개인적인 잡담을 하느라 수업을 듣지 않기 때문이다. 그렇다고 무턱대고 '시끄러워!' 라든지 '조용히 해!' 라고 소리칠 수도 없다. 일일이 그렇게 하다가는 잡담하는 학생들에게 주의만 주다가 수업시간을 다 써버릴 테니 말이다.

"하지만 선생님 수업은 늘 쥐 죽은 듯이 조용한걸요."

졸업생들은 나의 '금융론' 수업을 말하는 것이다. 최대 650명을 수용하는 대강당에 학생들이 빽빽하게 앉아 있다. 하지만 잡담을 하는 학생은 거의 없다. 그러기는커녕 많은 학생들이 내 말을 한 마디라도 놓칠세라 앞으로 몸을 쭉 빼고 강의를 듣는다. 수업 중에 휴대전화가 울리는 일도 없다.

"선생님께서는 학생들을 귀 기울이게 하는 노하우가 있습니까? 있다면 가르쳐주십시오."

1미터 테두리 법칙

잘 듣게 하는 것은 기술이다

어떻게 하면 사람들을 귀 기울여 듣게 할까. 그런 주제를 정면에서 다룬 책이 있으면 좋겠다는 생각으로 이 책을 쓰게 되었다.

강연 의뢰를 받으면 많은 사람들이 무엇을 이야기할까만 궁리한다. 물론 무엇을 말할지도 중요하다. 하지만 거기서 멈춘다면 그저 그런 시시한 강연이 되고 만다. 어떻게 하면 귀 기울여 듣게 할까 하는 것까지 생각하며 머리를 이리저리 굴려야 한다. 당연한 말이지만, 아무리 좋은 말도 들어주지 않으면 의미가 없다. 그런 이유에서도 우리는 말하는 것이 아니라 듣게 하는 것이 더 중요하다는 것을 명확하게 의식할 필요가 있다.

솔직히 말해서 나는 잘 듣게 하는 것도 기술이라고 생각한다.

실제로 잘 듣게 하기 위해서는 '어떻게 말을 시작해야 듣는 이의 마음을 사로잡을까' '키워드는 어떤 식으로 쓰면 유효할까' 등 여러 가지 방법이 필요하다. 그래서 나는 강의나 강연회 등에서 실제로 겪은 체험을 바탕으로, 유용하다고 생각되는 기술적 방법을 이 책에 실었다. 그렇다고 이 책이 그저 노하우를 알려주는 책이라고 생각하면 오산이다. 이 책의 진짜 목적은 '잘 듣게 하는 기술'에 대해 생각해봄으로써 그 배후에 있는 청중의—혹은 저자 자신의—심리나 사고를 규명하는 데 있다. 이 작업이야말로 커뮤니케이션 능력을 높일 뿐만 아니라 독자 여러분에게 진정으로 도움이 될 것이다. 사람들 앞에서 말하는 것이 서툰 분들이 읽어주기를 간절히 바라지만, 사람들 앞에서 말할 일이 별로 없는 분들도 꼭 읽어주기를 바란다.

알고 보면 현대인의 고민 대부분은 얄팍한 인간관계가 원인인 경우가 많다. 현대사회의 환경이 사람과 사람 사이의 커뮤니케이션을 점점 어렵게 만들기 때문이다.

부모와 자식, 사장과 종업원, 상사와 부하직원, 고객과 영업사원, 교사와 학생, 그리고 친구나 연인끼리도, 다들 커뮤니케이션을 기초로 어떤 인간관계를 구축하느냐가 중요하다. 그러나 그것을 알면서도 자신의 생각이나 바람을 제대로 전달하지 못한다.

내 말을 귀 기울여 듣게 하고 싶다는 안타까움을 조금이라도 느낀 적이 있는 모든 분들과 잠시나마 시간을 공유하고 싶다.

잘 듣게 하는 기술에 대해서 함께 생각해보지 않겠는가?

C O N T E N T S

머리말 … 4

반경 1미터에서부터 시작하라　1

이야기에 포석을 준비한다 … 17

모두들 '반경 1미터' 안에서 살고 있다 … 20

가장 큰 관심사는 이득과 손해에 대한 것 … 23

작은 관심을 넓은 시야로 … 26

듣는 이의 세계로 다가간다 … 28

먼저 받아들이는 자세를 가진다 … 31

손으로 만질 수 있는 것으로 시작한다 … 33

감각에서 논리로, 구체에서 추상으로 … 36

키워드로 말하라　2

개인사를 늘어놓지 않는다 … 41

키워드로 마무리한다 … 44

'자신의 말'을 찾는다 … 46

자리가 사람을 키운다 … 51

'자신의 말'을 만드는 법 … 53

포석에 쓰이는 키워드 … 55

키워드 찾기에 도전하자 … 60

아웃풋이 인풋을 바꾼다 … 62

키워드로 파악한다 … 64

버리지 말고 살려라 … 66

3 '부족함'을 알려라

인간은 왜 더 듣고 싶어 할까 … 73
배우고 나면 부족함을 알게 된다 … 75
'유래'가 지적 호기심을 자극한다 … 78
숫자를 이용하라 … 80
숫자로 부족함을 알린다 … 82
'잘 듣게 하기'위한 힘 … 85
잠시 멈춘다 … 87
발상의 부족함을 알린다 … 89
사고의 부족함을 알린다 … 91
'알았을'때가 '아무것도 모르는'때 … 94
'듣게 하는'것은 '생각하게 하는'것 … 97
'열네 살의 도전'에서 배운다 … 99

4 '대화는 스트레스'라고 생각하라

대화는 스트레스다 … 105
스트레스 커뮤니케이션 … 107
주체적인 것은 곧 비판적인 것 … 109
비판을 통한 합의에 도달하라 … 111
놀라운 논리의 힘 … 114
유용한 논리 1 : 합성의 오류 … 116
유용한 논리 2 : 양질전화의 논리 … 118
돌아가는 길의 논리 … 121

'돌아가는 길' 논리의 활용 ··· 123

일대일로 대화하라 ··· 125

일대일 관계를 만든다 ··· 127

일대일 관계를 맺고 있는가? ··· 130

'잘 듣게 하는 나'를 만들라 5

분단의 시대 ··· 137

모두들 다른 상식 속에서 살고 있다 ··· 139

가치관이나 감성의 공유도 쉽지 않다 ··· 141

어떻게 하면 '잘 듣게 하는 나'가 될까 ··· 143

빨간 색연필과 파란 색연필 ··· 145

뺄셈이 개성을 만든다 ··· 147

'이것만은 절대 하지 않겠다'고 결심했다 ··· 149

뺄셈의 효용 ··· 151

다른 사람과는 다른 것을 손에 넣는다 ··· 152

영업이란 무엇인가? ··· 154

전하는 기쁨 ··· 158

'잘 듣게 하기' 위한 일문일답 ··· 161

맺음말 ··· 176

1

반경 1미터에서부터
시작하라

이야기에
포석을 준비한다

남들 앞에서 말하려고 할 때 제일 처음 드는 고민은 '어떤 말부터 시작해야 할까' 일 것이다. 그래서 나도 '잘 듣게 하는 기술' 에 대한 이야기를 이 '어떤 말부터 시작할까' 로 시작하려고 한다.

청중은 말하는 사람이 제일 처음 꺼내는 한두 마디를 듣고 그 이야기를 들을까 말까를 결정한다. 이때 첫 한두 마디를 이른바 '포석' 이라고 한다.

일단 이 포석에서 실패하면 청중들은 좀처럼 들으려고 하지 않는다. 아무리 훌륭한 이야기를 준비했다고 해도 실패하면 말짱 도루묵인 것이다. 이것은 과장된 말이 아니다.

회사 입사식에서도 마찬가지다. 입사식이므로 대학 강의처럼 수선스럽지는 않겠지만, 그렇다고 신입사원들이 사장의 훈시를 귀 기울여 듣느냐 하면 꼭 그렇지는 않다.

그래서 '잘 듣게 하는 방법'이 필요한 것이다.

가령 신탁회사에서 입사식을 한다고 가정해보자.

"'신탁'이란 '믿을 신(信)'에 '맡길 탁(託)'자를 씁니다. 따라서 오늘 우리 회사에 입사한 여러분은 고객의 신뢰를 받는 믿음직한 존재가 되어야 합니다. 그러기 위해서는……."

위의 훈시는 이해하기는 쉽지만 귀 기울여 들어보고 싶은 생각은 들지 않는다.

이럴 때, 도입 부분에 약간의 인간드라마를 집어넣으면 어떨까. 그러면 느낌이 확 달라질 것이다.

"며칠 전에 어느 지점에 나이 드신 부부가 찾아오셨습니다."

나라면 이렇게 시작할 것이다.

"남편분은 전형적인 옛날 남자였습니다. 일도 열심히 하지만, 부인에게 살갑게 대하는 분은 아니었지요. 덕분에 부인은 마음고생이 심한 모양이었지만, 그 남편은 고맙다거나 미안하다는 말도 한 마디 안 해주었답니다. 부인도 그런 건 아예 포기하고 기대도 하지 않았습니다. 그런 부부였습니다.

그 부부가 지점을 방문한 것은 남편의 유언장을 '신탁'하기 위해서였습니다. 그래서 지점담당자와 함께 그 내용을 확인하게 되었습니다. 그런데 거기에 씌어 있는 것은 단순히 재산에 대해서만

1미터 테두리 법칙

이 아니었습니다.

아내를 너무 고생시켰다, 이렇게 제멋대로인 나를 따라 지금까지 살아준 아내가 진심으로 고맙다, 하지만 내 입으로 말하기가 쑥스러워서 표현하지도 못했다……. 그 감사와 사죄의 마음을 담아서 이 재산은 아내에게 주고 싶다고 씌어 있던 거지요.

담당자가 그것을 읽고 문득 고개를 들자, 거기에는 눈물이 그렁그렁 맺힌 아내의 얼굴이 있었다고 합니다.

이런 마음을 담은 유언장을 맡는 것도 우리의 일입니다. 여러분, '신탁'이란 '믿을 신'에 '맡길 탁' 자를 씁니다. 이 기념해야 할 입사식 날에 저는 그 말의 의미를 여러분에게 확실하게 알려드리고 싶습니다."

같은 말이지만 뭔가 다르지 않은가? 듣는 이도 어쨌든 호기심을 갖고 듣게 된다.

그 이유는 무엇일까?

한마디로 말해서 인간드라마는 누구에게도 친근한 관심사이기 때문이다. 거기에는 듣는 이가 쉽게 이해하고 공감할 수 있는 부분이 포함되어 있다.

윗글을 예로 들면 부인의 눈물에 공감하거나, 남편의 마음을 이해하는 데 어려운 논리는 필요 없다. 그렇기 때문에 그것이 화자와 청중을 처음으로 연결해주는 포석의 역할을 하는 것이다. 이것이 '신탁이란 무엇인가' 같은 추상적인 물음과 다른 점이다.

청중은 말하는 사람이 제일 처음 꺼내는 한두 마디를
듣고 그 이야기를 들을까 말까를 결정한다. 이때 첫
한두 마디를 '포석'이라고 한다.

모두들 '반경 1미터' 안에서
살고 있다

대부분의 사람들은 반경 1미터라는 작은 세계 속에서 살고
있다. 지극히 제한된 범위의 일에만 관심이 있다고 해도 좋을 것
이다.

당신이 말하는 것보다 '듣게 하는' 것을 실천하고 싶다면 우선
은 그 '반경 1미터의 세계' 속으로 들어가는 것이 중요하다.

벌써 10년 정도 전의 이야기다. 나는 인원이 25명 정도인 실
습형 수업에서 학생들에게 이런 질문을 한 적이 있다.

"여러분, 도시은행으로 어떤 은행이 있는지 알고 있습니까? 알
고 있는 은행의 이름을 말해보세요."

은행의 경영파탄이나 합병 등이 화제가 되기 시작하던 무렵이
었다.

"자네부터 순서대로 시계 방향으로 돌아가면서 한 사람이 한
은행씩 말하는 것으로 하죠."

첫 번째 학생이 대답한다. "도쿄 미쓰비시은행."

두 번째 학생이 대답한다. "제일권업은행."

나는 이런 상태로 열 명 정도는 계속될 것이라고 생각했다. 지금이야 금융재편성이 진행되어 '메가뱅크'라고 불리는 은행이 몇 개 없는 상황이지만, 당시에는 아직 도시은행이 열 군데가 넘었으니까 말이다.

그런데 황당한 일이 벌어졌다. 네 번째 학생에서 정답이 멈춘 것이다.

다섯 번째 학생이 대답한다. "요코하마 은행."

땡, 그곳은 지방은행이라고.

그 이후 나온 대답은 대개 자신의 고향 가까운 곳에 있는 지방은행뿐이었다. 평소 눈에 보이는 간판을 떠올리며 생각나는 대로 적당히 대답했던 탓이다. 우연히 지방 출신 학생이 많아서 그랬는지도 모른다. 결국 ○○신용금고란 대답까지 나왔다. 이 대답에는 무지한 학생들도 웃음을 터뜨리고 말았다.

이런 말을 하면 대부분의 대학교수는 이렇게 말한다.

"요즘 학생들 정말 문제야. 사회에 대한 관심도가 너무 낮아."

물론 나도 "맞아!"라고 그 말에 찬성하고 싶지만, 한편으로는 당연한 일이라고도 생각한다.

왜냐하면 도시은행이 어느 은행인지, 어느 은행과 어느 은행이 합병했는지 같은 일들은 갓 입학한 학생들에게는 관심의 대상이 아니기 때문이다.

그런 것보다 '어느 동아리가 재미있을까?' 라든지 '어디 식당이 싸고 맛있을까?' 라든지 '저 귀여운 애랑 사귀려면 어떻게 해야 할까?' 와 같은 것들이 훨씬 중요한 관심사다.

그렇다, 모두들 반경 1미터 안의 작은 세계 속에서 살고 있다. 따라서 말하는 사람은 청중의 '반경 1미터' 안으로 들어가서 상대의 관심사와 자신이 말하고 싶은 것과의 접점을 찾아야 한다. 그 접점이 포석의 역할을 해주는 것이다.

덧붙여 말하면 인간은 인간에게 가장 관심이 많은 법이다. 따라서 인간드라마는 누구에게나 친근한 관심사다.

예를 들어, 일본 황실을 둘러싼 이야기는 여성잡지의 단골 기사다. 왜 그럴까? 미용실에서 잡지를 손에 들고 읽는 여성들과 기사의 대상이 되는 일본 황실 사람들과는 생활 모습에서 상당한 차이가 있다. 하지만 화제가 가족 문제라든지, 인물들 사이의 갈등 같은 인간드라마가 되면 그것이 비록 황실의 일이라고 해도 많은 독자에게는 '반경 1미터' 안의 일이 되는 셈이다.

물론 친근한 관심사는 인간드라마만이 아니다. 예를 들어, 청중의 손해득실과 관련된 이야기도 이야기의 포석이 되기에 충분하다.

1미터 테두리 법칙

득이 되는 정보라는 말을 들으면 속지 않으려고 조심하면서도 귀를 쫑긋하게 되는 것이 사람의 마음이다. 나는 이런 사람들의 심리를 곧잘 이용한다.

말하는 사람은 청중의 '반경 1미터' 안으로 들어가서 상대의 관심사와 자신이 말하고 싶은 것과의 접점을 찾아야 한다.

가장 큰 관심사는
이득과 손해에 대한 것

대학에서는 매년 신입생을 위한 오리엔테이션이 열린다. 500명이 넘는 신입생들이 대강당에 모이고, 그곳에서 수업방식이나 학교생활 등에 대해 설명하는데, 입시를 막 끝내고 마음이 들뜬 학생들은 이야기를 거의 듣지 않는다.

학부장이 단상에 올라가든 교무과장이 설명을 하든, 누구 하나 들으려고 하지 않는다. 그러나 왁자지껄한 소음 속에서 아무도 듣지 않는 이야기를 마치 의식처럼 계속한다. 이것이 내가 보아왔던 보통의 오리엔테이션 모습이다.

내가 경제학 과장 겸 교무주임을 맡던 어느 해였다. 그해는 내가 그런 소음 속에서 과목 이수 방법에 대해 말하게 되었다.

시끌시끌, 웅성웅성……. 아무도 들으려고 하지 않는다. 그런 그들을 어떻게 포섭해야 할까. 나도 약간 머리를 굴렸다. 보통의 방법으로는 아무래도 무리다. 이럴 때, 여러분이라면 어떤 말부터 꺼내겠는가?

나는 이렇게 말을 꺼냈다.

"힘 들이지 않고 요령 있게 학점을 취득하여 졸업하려면 어떻게 해야 할까? 지금부터 그것을 가르쳐주겠다."

아무리 정신없이 떠든다고 해도 귀의 3분의 1 정도는 이쪽을 향하고 있다. "뭐라고?"하며 약간 관심을 보이는 학생부터 이쪽을 돌아보기 시작한다. 잡담에 여념이 없던 학생들에게도 그것이 전파되었다.

"그럼, 말하지. 제일 좋은 방법은……"

나는 약간 틈을 두었다가 말했다.

"이런 데 있으면 안 된다는 것이다!"

'저 인간 무슨 소리를 하는 거야?'

그런 표정을 하면서도 학생들은 반대로 앞으로 무슨 말을 할지 궁금하여 귀를 쫑긋 세웠다.

'힘 들이지 않고 요령 있게 학점을 취득하고 졸업' 하는 것은 분

1미터 테두리 법칙

명 '이득' 이기 때문이다. 앞으로 이수할 과목을 선택해야 하는 학생들에게 이 부분에서의 '손해득실' 은 분명히 최대의 관심사이다.

약간 조용해진 시점에서 나는 말을 계속했다.

"이 강당 밖에는 어떻게든 자네들을 자기네 동아리로 데리고 가려는 많은 선배들이 기다리고 있다. 지금 당장 여기를 나가서 그들이 있는 곳으로 가라. 그들은 자네들을 동아리에 가입시키고 싶기 때문에 얼마든지 정보를 줄 것이다. 어느 수업이 만만한지, 어느 선생님이 엄한지, 어떤 과목을 듣는 것이 제일 쉽게 졸업하는 길인지 다들 자세히 가르쳐줄 것이다. 그러니 이곳에서 얼른 떠나라. 그것이 자네들에게 제일 '유리한' 방법이다."

그러면 학생들은 '뭐라는 거야?' 라는 얼굴을 한다. 하지만 의외로 나가는 학생은 없다. 어떤 학생도 내 말이 거기에서 끝이라고 생각하지는 않기 때문이다.

아무리 이야기에 관심이 없다고 해도 귀의 3분의 1 정도는 말하는 사람 쪽을 향하고 있다.

장내는 제법 조용해졌다.

여기부터가 내가 말하고 싶은 부분이다.

"선배가 알려준 수업을 듣고 학점을 쉽게 따서 그 과목을 이수한다, 이것이 제일 '이득'이다. 이건 분명한 사실이야. 그 대신, 그렇게 해서 요령 있게 졸업한 후에는 어떻게 될까. 이것도 조금은 생각해둘 필요가 있어.

자네들, 경제학부 출신이지? 최근 일본은행이 금리를 올린다는 소문이 있는데, 어떻게 생각하지? 엔화 약세가 계속되고 있는데, 왜 그렇지? 경제학부 출신이니까 어디 한 번 말해보게. 회사에 들어가고 나서 이런 질문을 받아도 제대로 공부하지 않고 요령 있게 졸업한 자네들은 아무 대답도 못할 걸세. 이것도 분명한 사실이지."

나는 계속 말을 이었다.

"연간수업료가 100만 엔이라고 치면 자네들은 앞으로 4년 동안 400만 엔이나 되는 돈을 쓰게 될 거야. 그 400만 엔으로 아무것도 얻지 못하고 졸업한다면 어떨까. 그거야말로 손해지. 그것이 제일

이득이라고 기뻐하는 녀석이 있다면 그 친구는 진짜 바보야. 그렇게 생각하지 않나?

하지만 자네들은 조금 전까지 공부하지 않고 졸업할 수 있는 방법을 가르쳐준다고 말했더니 그게 이득이라고 생각하지 않았나? 앞으로 경제를 공부하게 될 텐데, 어떤 것이 손해고 어떤 것이 이득인지도 모르다니, 그래서 무슨 공부를 하겠나?”

아무리 작은 관심사라고 해도 거기에 새로운 빛을 비추거나, 지금까지와는 다른 시선으로 바라보면 그 사안은 새로운 전개를 띠기 시작한다. 이렇게 해서 차츰 청중의 관심을 자신이 이야기하고 싶은 것을 허용할 수 있는 범위까지 넓힌다. 자신의 이야기를 잘 듣게 하기 위해서는 이런 단계가 필요하다.

“그럼, 앞으로 정말로 자신에게 ‘유리한’ 과목을 선택하는 방법을 알려주겠다. 메모를 하는 게 좋을 거야.”

문득 주위를 둘러보니 장내는 완전히 조용해졌다. 실제로 메모를 시작하는 학생들도 보였다.

행사가 끝난 후 교무과 직원은 “이렇게 조용한 오리엔테이션은 처음이었어요”라며 나를 격려해주었다.

반경 1미터에서부터 시작한다. 이것이야말로 ‘잘 듣게 하기’ 위한 첫걸음인 셈이다.

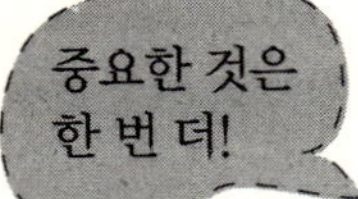

아무리 작은 관심사라고 해도 거기에 새로운 빛을 비추거나, 지금까지와는 다른 시선으로 바라보면 그 사안은 새로운 전개를 띠기 시작한다.

듣는 이의 세계로
다가간다

이야기를 하는 사람이 '내 이야기를 듣는 것은 당연하다' 는 자세를 보이면, 듣는 이는 더 이상 이야기를 들어주고 싶은 생각이 들지 않는다.

반경 1미터부터 시작하자는 말은 오만한 태도가 아니라 더 겸허한 자세를 가져야 한다는 것이다. 말하는 사람이 먼저 듣는 사람의 세계 쪽으로 한 발 다가간다. 그러면 듣는 사람은 '이 사람의 이야기를 들어주자' 라고 심리적으로 받아들이는 자세를 가지게 되는 것이다.

이것의 중요성을 내게 가르쳐준 것은 나의 첫 제자들이었다.

내가 처음 교수로 부임한 곳은 여자전문대학이었다. 물론 수강생들도 모두 여학생들이었다.

그 여학생들은 출석에 관해서는 고등학교 시절 의식의 연장선에 있어서, 수업을 빠지는 일도 별로 없었고 4년제 대학과는 달리 출석률이 90% 이상이었다. 하지만 이것은 수업을 귀담아 듣는 학생의 비율이 그만큼 낮다는 뜻이기도 했다.

신출내기 교수인 내가 본 상황도 별로 다르지 않았다. 어쨌든 교실은 시끄럽다. 모두 수다를 떠느라고 정신이 없다. 내가 이야기를 시작해도 학생들은 잡담을 그치지 않았다.

"자네들, 그만 떠들게!"라고 주의를 줘도 학생들은 잠시 내 쪽을 돌아볼 뿐, 다시 수다를 떨었다.

'수업이 듣기 싫으면 교실에서 나가면 되지.'

지금 여러분은 이렇게 생각하지 않았는가? 실제로 신출내기 교수인 나도 똑같은 생각을 했다.

"수업을 들을 생각이 없는 학생은 당장 나가!"

그러자 무슨 일이 일어났는지 아는가?

먼저 두세 명의 학생이 일어서서 교실에서 나갔다. 그러자 엄마 오리를 따라가는 새끼 오리들처럼 학생들이 줄줄이 나가기 시작했고, 결국 남은 것은 반 정도의 학생뿐이었다.

갓 부임한 나는 이 일을 선배 교수에게 말해주었다. 그러자 그 선배는 미심쩍은 표정으로 그럴 리가 없다고 말했다.

'내가 말을 잘못했나' '자존심을 건드렸나' 하고 이래저래 반성하고 있으니 그 선배 교수가 이런 말을 하는 게 아닌가!

"이상하네. 학생이 반이나 남아 있을 리가 없는데."

마치 어느 잡지에 실린 우스갯소리 같지만, 이것은 사실이다.

1. 반경 1미터에서부터 시작하라

이렇게 해서 권력 행사로는 문제 해결이 되지 않는다는 것을 깨달은 나는 재빨리 방침을 전환했다.

일단은 학생들을 주의 깊게 관찰하기 시작했다. 그런 자세로 그들을 바라보니 소음뿐인 교실도 꽤 흥미로웠다.

나는 여러 가지 발견을 했다. 학생들은 아무 생각 없이 수다를 떠는 것이 아니었다. 수업 중에 뜨개질을 하는 학생도 있고, 상한 머리카락을 잘라내는 데 열중하는 학생도 있다. 수업 후의 데이트를 준비하는지, 개중에는 머리를 컬로 만 채로 수업을 듣는 학생도 있었다.

그래서 나는 칠판에 이렇게 적고 다음 수업을 시작했다.

'상한 머리카락 자르기 금지!'

그러자 학생들은 무슨 말을 할지 궁금해서 내 이야기에 귀를 기울였다.

이야기를 하는 사람이 내 이야기를 듣는 것은 당연하다는 자세를 보이면, 듣는 이는 더 이상 이야기를 들어주고 싶은 생각이 들지 않는다.

먼저 받아들이는
자세를 가진다

"나는 갈라진 머리카락이 싫다. 왜일 것 같아?"

이 선생, 무슨 말을 하는 거야? 학생들은 그런 표정으로 나를
쳐다보았다.

"자네들은 수업을 들으려고 교실에 왔어. 일단 노트를 편다. 그런데
칠판에 씌어 있는 글을 받아 적으려면 몸을 앞으로 구부려야겠지.
그러면 어, 앞머리가 시야에 들어오네? 바로 그때가 자네들이 상한
머리카락 한 올을 발견하게 되는 순간이지. 그리고 이 작은 사건이
그날의 수업시간을 결정짓게 되는 거야.
자네들은 천천히 가방에서 가위를 꺼내서 그 머리카락을 자른다.
잠깐, 상한 머리카락이 더 있을지도 몰라. 그런 생각으로 다른 머리
카락을 손으로 만져본다. 그러자 아니나 다를까, 상한 머리카락을
또 발견하게 돼. 그것도 가위로 자른다. 그렇게 또 같은 일을 반복
하지. 찾으면 자르고, 찾으면 자르고……. 그런 일을 되풀이하는 사
이에 어느 새 수업이 끝나지.
물론, 자네들 잘못이 아니야. 자네들은 결코 나쁘지 않아. 왜냐하면
수업을 들을 생각으로 왔으니까. 나쁜 것은 상한 머리카락이야. 그

래서 나는 상한 머리카락이 싫어.

그런 이유로 상한 머리카락 자르기는 금지. 이것을 우리 수업의 규칙으로 한다."

이 이야기가 여학생들에게 제대로 받아들여져, 교실은 웃음바다가 되었다. 교실의 분위기가 바뀌게 된 것이다.

'원래 대학 수업은 재미없지만 이 교수님의 수업은 괜찮은 것 같다.'

학생들 사이에 그런 분위기가 형성된 것이다.

실제로 그날의 수업은 아주 조용하게 진행되었다. 그렇다면 그 이유가 뭘까?

'이 선생님은 우리들을 보고 있었구나.'

학생들은 그렇게 느꼈을 것이다.

학생들은 누구나 이 상한 머리카락 이야기를 몸소 체험한 적이 있을 것이다. 그런데 그런 이야기가 나오자 그때까지 학생들에게 먼 존재였던 대학교수가 실제로는 놀랄 만큼 친근한 존재라는 사실을 깨달은 것이다.

내가 그들의 반경 1미터 안에 들어왔으므로 전처럼 무시하고 계속 수다를 떨 수가 없게 되었고, '이 선생님 재미있을 것 같네. 어디 얘기 좀 들어볼까' 라고 생각해준 것이다. 그 후로는 이 강의실의 풍경도 달라졌다.

1미터 테두리 법칙

나는 예전부터 가라테를 했다. 가라테의 자세(型)는 전부 수비 자세에서 시작된다. 찌르거나 때리는 것부터 시작하는 자세는 전혀 없다. 상대가 찌르거나 때리는 것을 받고 그 후에 공격하는 패턴이다.

이것은 잘 듣게 하기 위한 기술에도 그대로 적용된다. 듣는 사람이 평소에 어떤 것에 관심이 있을지, 어떤 가치관을 갖고 있을지에 대해 인정하고 있는 그대로 받아들인다. 그런 다음, 자신이 말하고 싶은 것을 상대에게 넌지시 건넨다. 이런 마음가짐을 갖는 것만으로도 듣는 사람의 자세가 달라질 것이다. 여러분도 한번 실천해보기 바란다.

듣는 사람이 평소에 어떤 것에 관심이 있을지, 어떤 가치관을 갖고 있을지에 대해 인정하고 있는 그대로 받아들인다. 그런 다음, 자신이 말하고 싶은 것을 상대에게 넌지시 건넨다.

손으로 만질 수 있는 것으로 시작한다

손에 들어서 만지거나 눈으로 봐서 알 수 있는 구체적인 것은 '친근한' 것이다. 하지만 그런 구체적인 사상의 배후에 있는 구조라든지 메커니즘, 혹은 그것을 관통하는 법칙 같은 것은 '먼' 느낌이다. 그것은 추상적인 세계라서 직감으로는 잘 알 수 없다. 이해하는 데 논리적인 사고력이 요구되기 때문이다.

그래서 '반경 1미터'부터 시작하는 것이다. 이것이 잘 듣게 하기 위한 철칙이라고 이야기했다. 즉, 손으로 직접 들고 만지거나 느낄 수 있는 구체적인 일부터 시작해야 하는 뜻이다. 앞에서 설명한 인간드라마도 듣는 사람의 감정에 호소한다는 점에서 일맥상통한다.

예를 들어 '금융론'이라고 하면 대부분 '금융이란……' 하는 식으로 정의부터 시작한다. '정의'는 여러 가지 사안에서 공통점을 끌어내어 학자들이 머릿속에서 만들어낸 가장 추상적인 의미이다. 따라서 먼 느낌이 든다. 그렇게 먼 느낌으로 시작하면 학생들은 금세 듣을 생각을 접는다.

따라서 나의 금융론 수업은 그렇게 시작하지 않는다.

"지금 자네들의 지갑 안에는 천 엔짜리 지폐랑 백 엔짜리 동전이 있을 거야. 그걸 책상에 꺼내보겠나."

이런 식으로 시작한다. '손으로 만질 수 있는 것'부터 시작하는 것이다.

"천 엔짜리랑 백 엔짜리를 잘 보고 이 두 가지 화폐의 결정적인 차이를 찾아보게. 물론 금액이라든지 모양 말고. 그런 건 자세

1미터 테두리 법칙

히 보지 않아도 금방 알 수 있으니까. 그럼, 찾은 사람 손 들어 봐!"

왠지 초등학교 수업처럼 보이겠지만, 요즘 학생들은 내 요구에 순순히 따라준다. 덧붙여 말하면 이것을 500명이 넘는 학생들을 상대로 하는 것이 내 수업의 특색이다.

"천 엔짜리에는 일본은행이라고 씌어 있지만, 백 엔짜리에는 일본국이라고만 씌어 있어요."

딩동댕, 잘한다! 어려운데 잘 봤네. 대단한걸.

"이 차이가 의미하는 것은 발행 주체가 다르다는 것이다. 천 엔 같은 지폐는 일본은행이 발행하고 백 엔 같은 동전은 나라, 즉 정부가 발행한다. 덧붙여 말하면 일본 화폐의 주인공은 일본은행권이다. 동전은 보조통화라고 불린다.

그런데 일본에는 일본은행도 정부도 아닌 곳에서 만들어지는 돈이 있다. 그게 뭔지 아나?"

이야기가 이렇게 차츰 본 주제로 들어간다.

"아니, 그런 돈이 있어요?"

학생들은 고개를 갸웃거린다.

"다들 모르나? 모를 리가 없을 텐데. 왜냐하면 다들 많이 쓰거든."

"예? 뭐지?"

학생들은 여전히 잘 모르겠다는 얼굴이다.

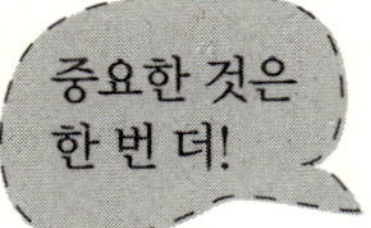

손에 들어서 만지거나 눈으로 봐서 알 수 있는 구체적
인 것은 '친근한' 것이다.

감각에서 논리로,
구체에서 추상으로

"그럼, 잠시 생각해보자. 자네들의 집에서는 전기세나 가스비
를 어떻게 지불하지? 일일이 현금을 들고 가스회사나 전력회사에
내러 가나? 그렇지 않지? 보통은 자동납부로 해놓을 거야.

그러면 자네들의 부모님이 회사를 다닌다면 매월 월급을 받을
텐데, 그 월급은 어떻게 받지? 이것도 현금이 아니야. 보통은 은행
으로 들어오겠지. 또 전기세나 가스비, 월급도 은행을 통하지. 전
부 은행 저금이야. 즉, 저금이 지불에 쓰인다. 이것을 저금통화라
고 해. 현대에는 현금통화보다 저금통화가 훨씬 많이 쓰이지. 여기
서 문제! 그럼 저금은 대체 누가 만들었을까?"

학생들의 관심은 이렇게 해서 책상 위에 있는 천 엔짜리 지폐
와 백 엔짜리 동전에서 '저금'이라는, 손으로 들어서 만질 수도 없
고 눈으로 봐도 알 수 없는 세계로 옮겨갔다.

"저금은 우리가 만 엔짜리 지폐 같은 현금을 은행에 맡겨서 만

든다, 다들 그렇게 생각할 거야. 즉, 우선 현금이 있고, 그것이 저금된다. 언뜻 그렇게 생각될 테지. 하지만 자세히 보게나. 그 만 엔짜리 지폐는 어떻게 해서 세상에 나왔는지.”

점점 ‘논리적 사고’가 요구되는 세계로 학생을 끌고 간다.

“그건 누군가가 어딘가의 은행에서 저금을 뺐기 때문이야. 예를 들어, 자네들이 아르바이트 비를 입금한 예금계좌에서 만 엔짜리를 빼면, 그 만 엔짜리가 세상에 나오지. 즉, 현금이 먼저가 아니야. 저금이 먼저지. 제일 처음 저금이 있고, 그것이 현금으로 바뀐 거야. 그럼, 그 저금은 누가 만들었을까?”

학생들은 이미 눈앞에 있는 천 엔짜리 지폐와 백 엔짜리 동전에는 관심이 없다. 머릿속에서 어떤 논리를 세우면 좋을지, 거기에 관심이 쏠렸기 때문이다.

구체적인 사안에서 추상적인 사안으로, 감상적으로 이해할 수 있는 것에서 논리를 구사해야만 풀 수 있는 문제로, 이런 순서를 밟다 보면 학생들은 자연히 이야기에 빨려들어가게 된다.

“이 이야기의 나머지 부분을 듣고 싶은 학생만 다음 주부터 내 수업을 들으러 오게. 그런 지적 호기심은 갖고 있지 않다, 학점이 필요해서 왔다는 학생은 절대 오지 말도록!”

나의 금융론은 매년 이런 식으로 시작한다. 덧붙여 말하면 나머지 부분이 궁금한 독자 여러분은 나의 다른 책들도 읽어주기 바란다.

구체적인 사안에서 추상적인 사안으로, 감상적으로 이해할 수 있는 것에서 논리를 구사해야만 풀 수 있는 문제로, 이런 순서를 밟다 보면 자연히 이야기에 빨려 들어가게 된다.

'잘 듣게 하기 위해' 필요한 기술은 아직도 많다. 다음 장에서 계속하기로 하자.

2

키워드로 말하라

개인사를
늘어놓지 않는다

잘 듣게 하기 위해 필요한 기술로 이 장에서 들고 싶은 테마는 '키워드'다.

이야기의 요소요소에 키워드를 적절하게 배치해두는 것은 이야기를 듣게 하기 위해서는 빼놓을 수 없는 작업이다. 그 키워드를 통해 이야기는 팽팽한 긴장감이 생기고, 듣는 이에게 강한 인상을 심어줄 수 있다. 반대로 키워드가 없으면 아무리 흥미진진한 내용의 이야기라도 초점이 뚜렷하지 않아서 결국 말하고 싶은 것이 전달되지 않는다.

나는 직업의 특성상, 홋카이도에서 오키나와까지 수많은 기업 경영자와 교류를 맺고 있다. 대부분은 중소기업 경영자들인데, 그

중에서도 도쿄, 나고야, 사이타마, 도야마에서는 경영자들과 정기적으로 모임을 갖고 있다.

이런 활동을 통해 내가 항상 느끼는 것은 바로 중소기업 경영자의 이야기는 참 재미있다는 것이다. 저마다의 인생이 너무나도 드라마틱하기 때문이다.

홀로 도쿄에 상경하여 고된 생활을 참으면서 회사를 일으킨 이야기, 수업 시절의 쓰라린 체험, 여러 사람들에게 도움을 받거나 또는 반대로 배신을 당하면서 회사를 궤도에 올려놓은 이야기, 그리고 그 고생과 감동 …….

경우에 따라서는 경영상의 실패로 지옥을 맛보았다는 분도 있다. 최근에는 변화가 뚜렷하여 같은 비즈니스모델이 5년밖에 지속되지 않는다고들 한다. 바로 작년까지 순조롭게 오르던 매출이 올해 들어 갑자기 급감하거나 단숨에 곤두박질치는 일도 있다. 회사는 필사적으로 발버둥 치면서 새로운 활로를 모색한다. 그때, 경영자는 무엇을 결단하고 어떻게 행동했을까. 이것도 드라마다.

이런 이야기를 들은 적도 있다.

한 경영자가 평소와 마찬가지로 회사에 출근하니 아무래도 분위기가 이상하다. 종업원들이 심각한 얼굴을 하고 한곳에 모여 있다. 무슨 일인지 묻자, 종업원 중 한 명이 뭔가를 결심한 듯 이렇게 말했

1미터 테두리 법칙

다고 한다.

"죄송합니다! 사장직에서 물러나주십시오."

갑작스런 사장 퇴임 요구. 자신의 어디에 문제가 있었을까. 거기에는 어떤 사내 역학이 작용했을까. 혼란스러운 머릿속으로 여러 가지 일들이 어지럽게 맴돌았다. 그러나 그 경영자는 그런 위기를 겪으면서도 필사적으로 회사의 재건에 매달렸다고 한다. 소설에서나 나올 법한 이야기다.

"그 이야기, 학생들에게 들려줘도 될까요?"

그들의 흥미진진한 이야기에 감동하여 나는 때때로 이런 부탁을 한다. 대부분의 경영자들은 내 제안을 흔쾌히 받아준다. 그런데 정작 학생들에게 이들의 이야기를 해주면 반응이 시원치 않다. 물론 재미있었다고는 말하지만, 거기서 끝이다. 그 이야기에서 무엇을 얻었느냐고 물으면 구체적으로 대답하지 못한다.

무엇이 원인일까.

나는 이야기의 요소에 키워드가 없어서 그런 게 아닐까 추측한다.

그 스토리가 아무리 매력적이라도 단순히 개인사를 이야기해서는 듣는 사람의 마음이나 머리에 아무것도 남지 않는다. 그럴 때, 예를 들어 이야기의 결말로서 키워드 하나만 집어넣어도 상황은 크게 달라진다.

2. 키워드로 말하라

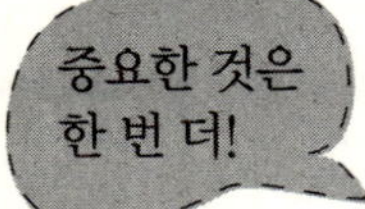

스토리가 아무리 매력적이라도 단순히 개인사를 이야기해서는 듣는 사람의 마음이나 머리에 아무것도 남지 않는다.

키워드로
마무리한다

경영자가 어떤 사업에 도전했다고 가정해보자. 그 사업이 어느 정도의 성과를 올리기까지는 몇 가지 장애를 넘어야 한다.

우선은 사내의 합의를 얻을 필요가 있다. 종업원들이 진심으로 따라와주기를 바란다면 그 사업의 의의나 전망, 예측되는 고난 등을 분명히 밝히고 그들의 진심 어린 이해를 구해야 하기 때문이다.

사업의 시작이나 유지에 필요한 자금을 어떻게 조달하느냐에 대해서도 전략을 세우고, 실행에 옮길 필요가 있다. 사업계획에 관한 자료 등을 갖춰서 금융기관을 방문하여 담당자와 철저하게 서로 논의하지 않으면 안 된다.

그리고 나면 새로운 고객, 즉 판로 개척이 필요하다. 그러기 위해서는 죽기 살기로 영업을 뛰어야 한다.

이런 장애를 넘어야 비로소 사업계획이 실현되는 것이다.

이런 사업의 시작과 성공까지의 스토리는 실로 드라마틱하며,

그것을 경영자가 담담하게 이야기기하는 것만으로도 충분히 매력적이다.

하지만 그것만으로는 개인사를 피력하는 데 그쳐서, 듣는 사람에게 무엇을 말하려고 하는지가 선명하게 다가오지 않는다. 그래서 키워드가 필요한 것이다.

예를 들어, 이런 키워드를 활용하여 이야기를 매듭짓는 것은 어떨까?

"이상, 제 체험에 대해 이야기했습니다. 이런 체험을 통해 제가 얻은 것이 뭘까요. 그것은 '열정은 전달된다' 라는 것입니다.

애초에 이 사업은 저 혼자의 생각으로 시작된 것입니다. 하지만 열정을 갖고 필사적으로 열심히 일하다 보니 한 사람, 또 한 사람과 공감의 띠가 형성되어갔습니다. 그렇습니다! 제 열정이 전해진 것이죠. 저는 그때, 진정으로 그것을 실감했습니다.

여러분도 인생을 살면서 앞으로 여러 가지 일에 도전할 것입니다. 하지만 그 많은 일을 혼자서 달성할 수는 없습니다. 동지라고 부르는 사람들의 협력이 반드시 필요합니다. 때로는 이해를 얻지 못하여 고민하거나, 자신이 없어질 때도 있을 것입니다. 그럴 때, 어느 경영자가 이런 말을 했다는 사실을 꼭 기억해주세요.

'열정은 전달된다.'

마지막으로 이것을 여러분께 보내는 메시지로 남기고 제 변변치 못한 이야기를 마칠까 합니다.”

어떤가.

키워드를 준비하느냐 아니냐에 따라 이야기의 무게나 듣는 이에게 주는 인상이 굉장히 달라지는 것 같지 않은가?

키워드를 준비하느냐 아니냐에 따라 이야기의 무게나 듣는 이에게 주는 인상이 굉장히 달라진다.

'자신의 말'을 찾는다

'맞는 말이긴 해. 하지만 그렇게 상황에 딱 맞는 키워드를 바로바로 생각해내기는 힘들지 않나?'

이런 생각을 한 사람은 없는지?

맞는 말이다.

그래서 다음에 문제가 되는 것은 대체 어떻게 하면 적절한 키워드를 찾을 수 있을까 하는 것이다.

하지만 이것은 한마디로 말하면 평소의 자세에 의해 좌우된다.

1미터 테두리 법칙

그렇다고 위대한 시인이나 철학자가 쓴 책을 많이 읽으라든지, 고사성어집을 자주 보라는 뜻은 아니다. 물론 그것도 나쁘지는 않지만, 내가 여기서 말하는 '평소의 자세'란 결코 그런 의미가 아니다.

자, 위의 사례에서 키워드로 활용된 '열정은 전달된다'라는 말을 예로 들어보겠다.

내가 아는 어느 경영자는 그 말이 마음에 들었는지, 자주 입에 담았다. 물론 나도 좋아하는 말이다.

열정은 전달된다. 이 말을 들으면 왠지 인간에 대한 신뢰 같은 것이 느껴지고 '자신'이라든지 '의욕' 같은 것과 통하는, 뭔가 긍정적인 인상을 준다.

하지만 생각해보면 '열정'이나 '전달된다'라는 말 자체는 그리 특별한 말은 아니다. 누구나 쓰는 평범한 말이다. 그럼에도 이 말이 사람의 마음을 움직이는 이유는 뭘까?

그것은 이 말이 가진 '임장감(臨場感)'에 있지 않나 싶다.

실제 체험에 바탕을 둔 말만이 갖는 리얼한 울림. 이 말에서는 그것이 묻어난다. 꾸밈이 없고 심플한 것이 도리어 그런 느낌을 증폭시킨다.

내가 '평소의 자세'라고 말한 이유는 이런 말을 평소부터 조금씩 자신의 지식창고에 저장해두고, 마음에 새기라는 의미에서다. 순간순간 자기 나름대로 느끼거나 생각한 것을 간단한 말로 표현

2. 키워드로 말하라

해본다. 그것을 의식적으로 계속하다 보면 자기만의 키워드 목록이 만들어질 것이다. 그러고 나면 필요할 때 그 키워드 목록에서 적절한 말을 꺼내 쓸 수 있다.

인생이란 어떤 의미에서는 자기의 말을 찾는 여행이 아닐까 생각한다.

물론 말 자체는 어딘가에서 듣거나, 어떤 책을 읽어서 알게 된 것이 대부분일 것이다. 하지만 여러분이 그 말의 의미나 무게를 자신의 체험을 통해 실감함으로써, 그것을 '자신의 말' 로 만드는 것. 나는 그것이 인생이라고 생각한다.

인생이란 그런 것임을 잊지 말고 매일매일 실천할 것. 이것도 잘 듣게 하기 위한 중요한 기술의 하나다.

이야기가 조금 추상적이 되었다. 그러면 여기서 내가 체험한 이야기를 조금 해보겠다.

나는 NHK 교육방송의 〈21세기 비즈니스 학원〉이라는 프로그램에 시사해설가로 자주 출연했던 적이 있다. 이 프로그램은 중소기업 경영자를 주 시청자로 삼아서 중소기업의 다양한 경영실천을 소개하고, 그 전략성이나 사회적 의의 등을 스튜디오에서 캐스터와 게스트 해설가가 함께 읽고 풀어가는 방송이다. 다양한 분야의 학자와 평론가가 시사해설가로 출연했는데, 프로듀서에 따르면 내가 최다출연자였다고 한다.

그런 인연으로 이 프로그램의 사실상 최종회에도 내가 시사해설가로 출연하게 되었다. 그때의 테마는 '경영자의 고민을 풀어드리겠습니다'였다. 프로그램 종료를 기념하여 색다른 기획으로 해보자는 시도에서 생각해낸 테마였다.

"기획은 좋지만 누가 그 고민에 답해줄까요?"

내가 이렇게 묻자 디렉터는 이렇게 대답했다.

"그야 당연히 선생님이 해주셔야죠."

"말도 안 돼요. 저는 경영자도 아니고, 경영컨설턴트도 아니라고요. 그건 무리예요."

나는 주저했지만 결국 그 임무를 떠맡을 수밖에 없었다. 그래서 즉시 중소기업가동우회란 조직의 협력을 얻어, '현재의 고민은 무엇입니까?'라는 앙케이트를 NHK를 통해 경영자들에게 배포했다. 그리고 3000명으로부터 조사에 대한 대답을 받았다. 그것을 정리해보니, 경영자의 고민은 '신제품 개발' '판로의 확대' '인재육성'이라는 세 가지로 집약할 수 있었다.

내게 주어진 과제는 이 세 가지 고민에 대해 경영자가 염두에 두어야 할 것을 키워드로 삼아서 해설하는 일이었다.

'갑자기 이런 걸 하라니'라고 툴툴대면서도 나는 서둘러 키워드를 만들었다.

분명 나는 교육자이지 경영자는 아니다. 그래서 다른 건 몰라도 '인재육성'에 관한 키워드 정도는 머릿속에서 바로 생각해내지

2. 키워드로 말하라

않으면 안 된다. 나는 이런 것도 평소의 자세에 달려 있다고 본다. 그래서 이 부분에 대해서는 그다지 어렵지 않게 키워드를 생각해 냈다.

나는 스튜디오에서 이렇게 이야기하기 시작했다.

"경영자 여러분은 '이 인재는 내가 키웠다' 라는 말을 자주 합니다. 하지만 이 말은 기본적으로 잘못된 말입니다. 왜냐하면 원래 사람을 키우는 것은 사람이 아니기 때문입니다."

이렇게 말하고 나는 화이트보드에 적었다.

'자리를 만든다.'

"인재육성의 키워드, 그 첫 번째는 이것입니다. 인재를 키우는 것은 사람이 아니라 바로 '자리' 입니다. 자리가 사람을 키우는 것입니다. 따라서 경영자의 일은 '인재를 키우는 자리' 를 만드는 것입니다.

인재육성으로 고민하는 경영자 여러분들, 여러분은 '인재를 키우는 자리' 를 어떻게 만드시겠습니까?"

인재를 어떻게 키우느냐가 아니라, 인재가 성장할 자리를 어떻게 만드느냐. 일단 거기에 경영자의 관심을 모으고 싶었다.

솔직히 이 키워드는 실제로 세미나 뒤풀이가 한창일 때 생각해 낸 것이다.

1미터 테두리 법칙

순간순간 자기 나름대로 느끼거나 생각한 것을 간단한 말로 표현해본다. 그것을 의식적으로 계속하다 보면 자기만의 키워드 목록이 만들어질 것이다.

자리가
사람을 키운다

졸업을 앞둔 4학년을 중심으로 개최되는 세미나의 뒤풀이를 '세미나 졸업식'이라고 한다. 보통 매년 3월에 개최되는데, 우리 세미나의 경우는 꽤 감동적이다. 한마디로 말해서 눈물의 도가니랄까. 여학생은 물론, "나는 이런 곳에서 눈물을 흘리는 타입이 아닌데……"라고 말하며 눈물을 글썽이는 남학생도 있다. 그리고 모두들 이구동성으로 '이 세미나에 들어와서 얼마나 다행인지 모른다'라고 말한다. '이 세미나에 들어오지 않았다면 나는 별 볼일 없는 인간으로 인생을 마쳤을 거야'라고 말하기도 한다.

그런데 이런 화기애애한 분위기 속에서도 '교수님 덕분'이란 말은 나오지 않는다. 그건 왜일까.

"내가 선생 노릇을 게을리 해서일까. 아니야, 그럴 리가 없어."

나도 한때 그런 생각으로 당황하거나 씁쓸해하기도 했지만, 결국 '이거야말로 본래 취지에 걸맞은 당연한 모습이다'라고 생각하게 되었다. 왜냐하면 그들을 키운 것은 내가 아니기 때문이다. 세미나라는 '자리', 그것이 그들을 키웠다.

덧붙여 말하면 우리 세미나는 그룹 연구가 기본이다. 서너 명의 그룹을 만들어서 스스로 고른 주제를 1년에 걸쳐 연구하고 연말에 논문을 완성한다. 이것이 기본 스케줄이다. 이 과정에서 실로 다양한 드라마가 펼쳐진다.

처음에는 그룹의 멤버끼리 얼마나 사이좋게 지내느냐에 중점을 두기 때문에, 서로 기분 나쁜 일은 말하지 않는 것이 암묵적인 규칙이 된다. 그 결과, 중간보고에서 발표되는 보고서는 대부분 내용이 엉망이다. 형식상으로는 일단 통일되어 있지만, 의견이 하나로 모이지 않아서 내용도 중구난방이다. 멤버들의 의견이 그저 줄줄이 나열되어 있을 뿐인 것이다.

"자네들, 1절과 2절을 제대로 읽고 비교한 거야? 내용이 서로 모순된다는 것도 몰랐어? 자네들은 대체 뭘 한 건가?"

이런 식으로 엄하게 지도하는 것이 나의 역할이다. 세미나에서의 내 역할은 기본적으로는 이것뿐이다.

세미나 발표에서 이렇게 창피를 당하면 그들도 마침내 불이 붙기 시작한다. 하지만 지금부터가 고난의 시작이다.

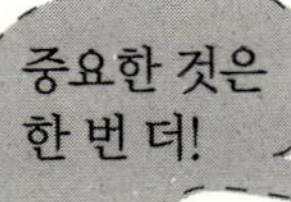

사람이 아니라 자리가 사람을 키운다.

1미터 테두리 법칙

'자신의 말'을 만드는 법

지금까지 얼렁뚱땅 넘어갔던 의견의 차이도 그때부터는 그냥 내버려둘 수 없다. 서로 철저하게 따지고 들어서 의견일치를 봐야 한다. 이제 더 이상 사이좋은 그룹으로는 지낼 수 없다. 세미나 내의 분위기는 점점 험악해진다.

그러는 동안에 멤버 사이에 세미나에 임하는 태도에 차이가 있다는 것을 깨닫게 된다. 모두들 똑같이 의욕이 있다고 생각했지만, 의외로 그렇지 않다는 것을 깨닫기 시작한다.

약속 시간에 늦게 온 동료에게도 지금까지와는 다른 어조로 비난을 하게 된다.

"야, 약속 시간에 늦지 마!"

"어쩔 수 없었어. 아르바이트가 늦게 끝났단 말이야."

논문을 완성시키기 위해서는 이런 문제도 해결하지 않으면 안 된다.

어떻게 하면 좋을까, 서로 의견을 나누면 나눌수록 사이가 나빠진다.

지금까지 중학교나 고등학교, 혹은 대학교에서 학생들이 함께 지내온 친구들은 마음이 잘 맞는 사람끼리 모인 사이좋은 그룹이었을 것이다. 의견이 맞지 않는 사람과는 만나지 않으면 된다. 그뿐이다. 따라서 서로 기분 나쁜 일은 그다지 말하지 않고 비판도

하지 않는다. 그것이 인간관계를 유지하는 비결이었다. 한마디로 말하면 얄팍한 인간관계였던 셈이다.

하지만 이제 그것은 허용되지 않는다. 적당히 만나서 넘어가다 보면 그 안이함이 보고서나 논문에 나타나서, 도리어 화살이 되어 돌아온다.

"세미나를 그만둬버릴까."

이런 생각도 얼핏 스쳐지나간다.

논문의 완성은 학생들이 이런 문제를 악전고투하면서 극복해온 증거인 셈이다.

나는 완성한 논문을 한 권으로 엮어서 전문 디자이너가 표지를 디자인한 멋진 장정의 논문집으로 만든다. 그것은 그들의 땀과 눈물의 결정체이기 때문이다. 하지만 그들이 얻은 것은 결코 논문집만이 아니다.

'서로 비판도 많이 했지만 그런 것으로는 인간관계가 무너지지 않는다.'

그들은 이것을 깨달으며, 지금까지 지내온 그저 사이좋은 그룹에서 얻지 못했던 인간에 대한 깊은 신뢰를 얻는다. 그것은 물론 그들이 앞으로 사회인으로 살아가는 데 필요한 자신감으로 연결된다.

이렇게 학생들은 세미나에 들어가기 전과 비교하면 한결 성장한 모습으로 졸업하게 된다.

1미터 테두리 법칙

'다 이 세미나 덕분입니다' 라고 학생들이 눈물을 흘리면서 말할 때, 나도 교수로서 '세미나 덕분' 이라고 생각하며 마음으로 감사한다.

이렇게 해서 '자리를 만든다' 라는 인재육성의 키워드는 '나의 말' 이 되었다.

여러분도 일상생활 속에서 '자신의 말' 을 갖게 될 순간을 맞이하게 될 것이다. 그럴 때는 노트에 간단히 메모해두고, 자기만의 키워드 목록을 만들어라. 그 말 하나하나가 많은 사람들의 가슴을 울리는 날이 꼭 올 것이다.

일상생활 속에서 '자신의 말' 을 갖게 되는 순간을 맞이하면 노트에 간단히 메모해두고, 자기만의 키워드 목록을 만들어라.

포석에 쓰이는
키워드

이 장의 주제는 키워드를 얼마나 잘 활용하느냐는 것이다. 키워드는 앞의 예처럼 이야기를 매듭짓는 데 사용될 때도 유효하지만 또 하나, 이야기의 포석으로도 활용된다. 단, 그 경우에는 듣는 사람에게 뭔가 의외성을 주는 키워드여야 한다.

'아니, 그게 무슨 말이야?'

이런 의문이 들게 해야 한다. 이것이 성공하면 듣는 사람은 단번에 반경 1미터에서 튀어나와서 상대의 이야기에 귀를 기울여줄 것이다. 이것은 특히 시간이 별로 없거나 짧은 내용을 이야기할 때 효과적이다.

'그런 키워드를 대체 어떻게 생각해내지?'

물론 언뜻 보기에는 어려울 것 같지만, 실제로 요령만 터득하면 그리 어렵지 않다.

나도 최근에 알게 되었는데, 포석에 쓰는 키워드는 요세(寄席, 만담 등을 들려주는 대중 연예장—옮긴이)의 '오기리(大喜利, 요세에서 그날의 마지막 상연물—옮긴이)' 등에서 자주 볼 수 있는 '수수께끼 내기(謎掛け, 요세의 오기리에서 하는 공연으로, 그 외에도 진기한 묘기, 말장난 놀이 등이 있다—옮긴이)'와 비슷하다.

'○○은 ××이다. 그 이유는······'

이런 식으로 문답을 하는 것이다.

'잘 듣게 하는 기술'을 터득하기 위해서라고 생각하고 여러분도 한번 해보기 바란다.

내가 '수수께끼 내기'를 태어나서 처음으로 생각한 것은 TV

1미터 테두리 법칙

방송에서였다. 그것도 앞에서 이야기했던 〈21세기 비즈니스 학원〉
이라는 프로그램에서 말이다. 돌이켜보면 여러 가지 경험을 했던
방송이었다.

그때의 주제는 '환경과 공생하는 기업으로' 였다. 환경 문제에
적극적으로 대처하는 기업의 활동을 소개하고, 거기에 몇 가지 해
설을 더하는 방식이었다. 그런데 그 방영일이 우연히 1월 7일이었
으므로, 정월답게 '수수께끼 내기' 라도 하자는 말이 나온 것이다.

수수께끼 내기에 도전!

주제는 환경. 그렇다면 '환경은 ××이다. 그 이유는……' 이라
는 형식의 수수께끼가 된다.

"선생님, 생각해보세요." 디렉터가 말했다.

나는 "그런 거 해본 적 없어요. 무리라고요."라고 저항하면서도
역시 하고 말았다. '궁하면 통한다' 라는 말도 있지만, 확실히 궁지
에 몰리니까 불현듯 생각이 나서 겨우 녹화를 마쳤다.

캐스터 "그럼 선생님, 수수께끼를 풀겠습니다. 환경은……."

나 "환경은……, 가가미모치(거울떡이란 의미로, 설 같은 때 신불에게 올
리는 두 개의 크고 작은 동글납작한 찰떡–옮긴이)다."

아무래도 정월이니까 이렇게 대답했다.

캐스터 "그 이유는?"

나 "환경 문제에 주목하는 것은 기업의 가치를 나타내는 '거울' 입

니다.”

캐스터 “그렇군요. 앗, 하지만 아직 ‘떡’이 남았네요.”

나 “음, 환경 문제는 ‘질긴’ 대처가 필요하기 때문입니다.”

캐스터 “좋습니다. 통과입니다!”

이날 녹화에는 NHK의 데라자와 도시유키 아나운서와 함께 방송에서 캐스터를 하는 후지사와 구미(싱크탱크 소피아뱅크 부대표) 씨도 함께했다. 그런데 안타깝게도 그녀는 녹화 직전에야 수수께끼 문제를 낸다는 것을 들었다는 것이다. 덕분에 후지사와 씨는 녹화방송 중에 내내 수수께끼의 답을 어떻게 할지 고민하느라, 대사까지 틀릴 정도였다.

“무슨 일 있어요?”

내가 묻자 후자사와 씨는 이렇게 말했다.

“수수께끼 때문에 신경이 쓰여서요. 어떡해요…….”

정말로 곤혹스러워하는 모습이었다.

걱정한 스태프가 여러 가지 아이디어를 냈으나 아무래도 좋은 생각이 안 나는 모양이었다.

그렇게 점점 시간이 흘러갔다.

나는 아무것도 모르는 척했으나 결국 안타까운 마음에 내 체험을 바탕으로 약간의 조언을 해주었다.

“주제인 ‘환경’부터 연상해서 연결하려고 하면 생각이 잘 안

1미터 테두리 법칙

나요. 뒤에 나오는 문제를 먼저 생각하고 나중에 그것과 '환경'을 연결하여 생각해보세요. 그러면……."

그제야 후지사와 씨는 알았다는 듯 환해진 표정을 지었다. 그러고는 얼마 후 가볍게 손을 들고, "생각났습니다!" 하고 말했다.

스태프 모두가 안심하자 데라자와 아나운서가 시작했다.

데라자와 아나운서 "그럼, 마지막으로 후지사와 씨 차례입니다. 환경은?"

후지사와 씨 "환경은…… 세뱃돈이다."

역시 정월에 걸맞는 대답이었다.

데라자와 아나운서 "그 이유는?"

후지사와 씨 "둘 다 다음 세대에게 주는 선물이기 때문입니다."

"잘했어요! 통과입니다!"

나는 나도 모르게 마음속으로 이렇게 외쳤다.

키워드는 이야기를 매듭짓는 데 사용될 때도 유효하지만 이야기의 포석으로도 활용된다. 단 그 경우에는 듣는 사람에게 뭔가 의외성을 주는 키워드여야 한다.

키워드 찾기에
도전하자

이야기가 조금 벗어났는데, 요컨대 너무 어렵게 생각하지만 않으면 키워드 찾기도 꽤 즐겁다는 뜻이다. 예를 들어, '교육이란 무예다' 라는 이야기를 해보겠다.

앞서의 수수께끼 내기 방식으로 하면 '교육은 무예다. 그 이유는……' 이 되겠다.

그 이유는…… 두 사람의 간격이 중요하기 때문이다.

두 사람의 간격, 즉 거리를 말한다. 무예에서는 거리가 중요하다.

내가 옛날 가라테를 배운 이유는 앞에서도 말했지만, 특히 가라테는 그 자체가 거리를 중심으로 하는 무예이다. 상대와의 거리를 만만하게 보고 다가가면 바로 공격을 당하게 된다. 반대로 거리를 너무 두면 안전할지는 모르지만 공격을 하지 못한다. 따라서 거리를 두는 것이 승부를 결정하게 된다.

그러면 교육은 어떨까. 실제로 이것도 거리를 두는 법이 매우 중요하다.

예를 들어, 가족관계를 보자. 거리를 너무 좁혀서 엄마와 자식이 지나치게 붙어 있게 되면 아이를 가르칠 수 없다. 버릇이 나빠지거나 자립심이 없어진다. 한편, 거리를 너무 두어도 문제가 된

1미터 테두리 법칙

다. 가족 간의 대화가 줄고 마음이 서로 통하지 않아서 아이가 비뚤어지기 쉽다. 부모의 관심을 끌려고 일부러 문제를 일으키거나, 반대로 자신의 세계에 틀어박힐 수도 있고, 불량한 친구나 이상한 종교에 빠질 수도 있다.

적당한 거리, 이것이야말로 교육에서 가장 중요한 덕목이다.

실제로 이것을 조금만 의식해도 결과가 눈에 띄게 달라진다.

'요새 너무 거리를 뒀나' 라든지 '요새 너무 참견했나' 같은 식으로 때때로 거리를 재보고, 너무 멀어졌다고 생각하면 조금 다가간다. 반대로 너무 가까이 갔다고 여겨지면 조금 물러나는 것이 좋다.

가정에서든 학교에서든 지금 일어나는 교육 문제의 대부분이 이렇게 거리를 잘 조절하지 못하는 데서 비롯된다고 나는 생각한다.

'교육이란 무예다' 또는 '교육이란 거리다' 와 같이, 이런 키워드 하나로도 제법 들을 만한 강연이 가능하다. 여러분도 도전해보기 바란다.

너무 어렵게 생각하지만 않으면 키워드 찾기도 꽤 즐겁다. 키워드 하나로도 강연이 달라진다.

아웃풋이
인풋을 바꾼다

키워드로 말하는 것에 익숙해지면 사물을 이해하는 법에도 변화가 생긴다. 키워드로 핵심을 파악하는 기술을 터득하게 되기 때문이다. 이것은 바꿔 말하면 아웃풋이 인풋에 영향을 준다는 뜻이다.

나는 음악을 듣고 눈물을 흘린 경험은 있지만 그림을 보고 눈물을 흘린 경험은 없다. 그런데 과연 나만 그럴까. 어떨까?

나는 궁금해서 어느 날 그림을 취미로 하는 선배 교사에게 물어본 적이 있다. 그러자 그 선배는 이렇게 말했다.

"그건 네가 그림을 그리지 않아서 그래."

나는 무릎을 탁 쳤다.

노래를 부른다거나 기타를 친다거나 음악은 해본 적이 있지만, 그림이라면 초·중학교 미술시간에 그린 것이 전부다. 이 차이가 감상력의 차이가 되어 나타난 것이다.

아웃풋(=실천)의 차이가 인풋(=감상력)의 차이를 가져왔다고나 할까.

그러고 보니 그렇다.

나도 글을 쓰는 것이 업이 되면서 다른 사람의 글이 더 잘 보이게 된 것 같다. 좋은 문장인지 나쁜 문장인지뿐만 아니라, 이 문장이 품위가 있다거나 품위가 없다거나 하는 것도 느껴지게 되었다.

1미터 테두리 법칙

이와 마찬가지로 키워드로 말하는(=아웃풋) 것이 익숙해지면, 키워드로 사물을 파악하는(=인풋) 능력도 월등히 좋아진다.

내 경우는 그것이 하나의 일이 되었다.

어느 날, NHK의 프로듀서가 내 연구실에 와서 이렇게 말했다.

"지역 재건이 화제가 되고 있어요. 그래서 지역의 재건을 위해 애쓰는 지역에 선생님께서 직접 가셔서 지역 재건의 키워드를 찾는 프로그램을 만들고 싶은데요."

그야말로 '키워드를 찾아 떠나는 여행'을 하는 방송이다. 나도 재미있을 것 같아서 받아들이기로 했다.

처음으로 향한 곳은 오이타 현 분고타카다 시에 있는 상점가였다.

이 상점가에 두 시간 정도 서 있었지만 사람들을 거의 만나지 못했다. 볼 수 있는 것은 개와 고양이뿐. 그래서 이곳에는 '개와 고양이 거리'라는 이름이 붙었다.

그런데 지금은 이 작은 상점가에 연간 30만 명이나 되는 사람이 방문하게 되었다. 대체 무슨 일이 있었던 걸까. 쓸쓸하던 상점가가 어떻게 해서 활기찬 거리로 변모했을까.

나는 여배우 나카무라 다마오 씨와 함께 현지를 방문했다.

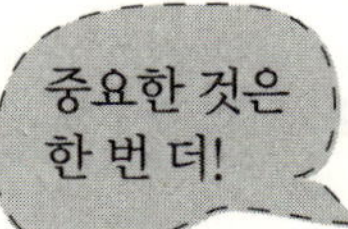

키워드로 말하는(=아웃풋) 것이 익숙해지면, 키워드로 사물을 파악하는(=인풋) 능력도 월등히 좋아진다.

실제로 그 거리에 가니 다양한 것들이 보였다.

무엇보다 먼저 사람이 보였다. 지역 재건의 배후에는 반드시 애쓰는 사람이 있다. 이곳에서는 상공회의소 직원인 가나야 도시키 씨가 바로 그런 사람이었다. 이 사람은 이 상점가 재건의 중심인물 중 한 사람이다.

"이런 쓸쓸한 거리에도 분명 뭔가가 있을 거예요."

가나야 씨는 지역 재건의 실마리를 찾고자 상점가의 매장을 일일이 돌았다. 그러다 좋은 생각이 났다고 한다.

"매장에는 저마다의 역사가 있어서 오래된 것을 버리지 않고 아직 다들 갖고 있더군요. 그 오래된 물건들을 매장 전면에 진열해놓게 했어요."

그는 그것을 '한 가게 한 보물'이라고 부르고, 각 매장을 돌아다니며 부탁했다.

물론 '보물'이라고는 해도 비싼 것은 아니다. 예를 들어, 막과자집은 옛날에 할아버지가 사탕을 팔 때 쓰던 자전거와 사탕을 넣은 상자가 보물이다. 거기에 광장에서 노는 아이들에게 '사탕 팔러 왔어요'라고 알려주는 큰 종도 자전거 핸들에 걸어놓았다. 이것을 한 세트로 가게 앞에 진열해놓은 것이다.

수예집의 경우는 아직까지도 발을 밟아서 돌리는 재봉틀을 쓴다는 말을 듣고, 그 재봉틀을 매장에서 가장 눈에 띄는 곳에 두었다. 물론 실제로 재봉틀을 돌려서 일하는 모습도 볼 수 있다.

그리고 가전제품점. 여기에는 흑백 TV와 롤러로 세탁물을 짜는 그 옛날의 향수 어린 세탁기와 오래된 냉장고가 있었다. 요컨대, 과거에 '삼종신기(三種神器)'라 불리던 것이다. 이것을 그대로 가게의 제일 눈에 띄는 곳에 진열해놓았다.

위의 물건들에는 어떤 공통점이 있다. 눈치 챘는가?

그렇다. 전부 쇼와 30년대(1955년~1964년)의 물건이다.

가나야 씨는 나아가 가게의 간판도 옛날 것으로 교체하도록 했다.

이런 가나야 씨의 열의가 통해서, 협력해주는 가게가 한 곳씩 늘어갔다. 그렇게 6년에 걸쳐 전체 상점의 40%가 가나야 씨의 의견을 따랐다. 말 그대로 '열정이 전달되었다'라고나 할까.

그렇게 해서 마침내 상점가 전체에 쇼와 30년대의 분위기가 나게 되었다. 그 중에서도 정평이 난 곳은 박물관이다. 당시의 장난감 등을 몇 만 점이나 모은 박물관을 만들었고, 그러자 관광객이 드나들게 되었다.

이렇게 하여 '쇼와 거리'가 완성되었다. 관광객이 많이 방문하게 되었으므로 상점가는 당연히 활기를 띠게 되었고, 이것은 지역 사람들에게도 크게 도움이 되었다.

한편, 나는 이 도시의 재건을 보면서 키워드를 찾는 데 골몰했다.

2. 키워드로 말하라

여러분은 어떤 키워드를 찾았는가?

내가 고른 키워드는 바로 '버리지 말고 살려라!' 라는 것이다.

보통이라면 진작에 버렸을 물건을 거리의 중심에 두고 거기에 새로운 빛을 비추어 지역 재건이 시작되었기 때문이다.

"하지만 '버리지 말고 살려라' 라니 너무 평범하지 않나?"라고 생각한 사람도 있을지 모르겠다. 하지만 이 키워드에는 함축된 내용이 있다.

평범해보이는 키워드라도 함축된 내용을 담고 있어야 한다.

버리지 말고
살려라

그 중의 하나는 최근의 시대적 풍조에 대한 비판이다.

'자민당을 쳐부순다' 고 소리치며 등장한 고이즈미 이치로 내각. 거기서 추진된 것은 '버리는 것' 과 '부수는 것' 이었다. 불량채권 처리라고 부르며 많은 중소기업이 버림을 받았다. 고용의 룰도 파괴되면서 많은 정사원이 버림받고 파견이나 파트타임 사원으로 전환되었다.

1미터 테두리 법칙

'부수는 것'과 '버리는 것'을 기조로 한 것이 구조조정이다. 하지만 지역 재건은 이와는 전혀 다르다. 지역의 전통을 살려서 지역의 자연을 살리고 지역주민을 살린다. '버리지 말고 살려라'는 바로 지역 재건만의 키워드인 셈이다.

또 하나는 이 키워드가 지역 재건을 위한 다양한 시도의 기본 바탕이라는 점이다.

나는 그 후 NHK의 같은 기획을 통해 지역 재생의 또 다른 사례를 만났다. 그곳은 농촌이었다.

농촌이라면 요즘에는 쇠퇴의 대명사나 마찬가지다. 그런데 우리가 방문하게 된 후쿠오카 현의 그 마을에서는 농가의 할머니들이 활기차고 건강했다.

그 이유가 알고 싶어서 현지에 직접 가보았다. 그리고 거기에서 살짝 들여다본 현실은 그야말로 '버리지 말고 살려라' 그 자체였다.

일단 무밭으로 가보았다. 거기에서 밭에서 나는 무가 전부 시장에 출시되는 것은 아니라는 것을 알았다. 대략 전체 수확량의 30%가 버려진다고 한다. 왜 그런지 아는가?

모양이 못생겼기 때문이다. 휘어지고 끝이 갈라지고……. 농협은 이런 무를 받아주지 않는다. 이것을 '규격 외 채소'라고 한다.

그런데 이 마을에 한 경영자가 찾아왔다. 가까운 곳에서 '포도나무'란 이름의 레스토랑을 경영하고 있는 고야쿠마루 슈이치 씨다.

2. 키워드로 말하라

"규격 외 채소를 제가 일정 가격으로 사겠습니다." 그는 그렇게 선언했다.

그 이후, 마을의 분위기가 달라졌다.

현지에 있을 때 농가의 할머니가 꼭 나에게 보이고 싶다고 말해서 가져온 것이 있다. 바로 저금통장이었다.

"태어나서 처음으로 내 명의로 된 통장을 가졌어요. 규격 외 채소를 팔아서 번 돈은 전부 이 통장에 저금했지요. 5년 동안 모아서 손자에게 차를 사줄 거예요. 그리고 마을 사람들이랑 같이 여행을 갈 거예요."

그때까지 대부분 버리던 규격 외 채소가 돈이 되었고, 덕분에 지금은 마을 사람들에게 즐거움을 주고 있다. 마을 사람들의 건강의 원천은 바로 이것이었다.

그나저나 고야쿠마루 슈이치 씨는 어떻게 이런 일을 할 수 있었을까?

첫째, 레스토랑의 요리를 전부 뷔페식으로 바꿨다. 들여온 다종다양한 규격 외 채소를 전부 소비하기 위해서는 모양에 연연하는 정식 요리는 곤란했다. 더구나 어떤 채소가 얼마나 들어올지도 알 수 없었다.

하지만 뷔페식이라면 상관없다. 들여온 채소를 요리하여 적당하게 접시에 담으면 되고, 요리가 떨어지면 다른 요리를 내놓으면 된다.

1미터 테두리 법칙

그리고 요리사의 의식을 개혁했다.

요리사들의 의식이 '일류 재료를 써서 일류 요리를 만드는 것이 프로다' 라는 수준에 머문다면 못생긴 규격 외 채소는 대량으로 사들일 수 없다. 따라서 그들의 의식을 '어떤 재료든 자신의 재량껏 솜씨를 발휘하여 요리한다. 그것이 바로 프로다' 라고 바꾸지 않으면 안 되었다.

고야쿠마루 씨는 그러기 위해 여러 가지 방법을 강구했다. 예를 들어, 요리사들이 자신의 솜씨를 발휘할 수 있도록 수시로 요리 콘테스트를 개최했고, 인근에 사는 주민들에게 심사를 부탁했다.

이런 노력이 결실을 맺어 지금까지 버려지기만 하던 지역의 채소가 신선하고 훌륭한 요리가 되어 식탁에 올려졌다. 멋지게 '활용된(일본어 生かす(이카스)에는 활용된다는 뜻도 있고 살려낸다는 뜻도 있는데, 여기서는 두 가지 뜻 모두를 의미한다—옮긴이)' 것이다.

고야쿠마루 씨의 레스토랑은 지금 여성들에게 큰 인기를 끌고 있으며, 이미 전국으로 체인을 확장하고 있다.

우리는 경영자와 요리사들의 지역 농산물을 '활용하기(살리기)' 위한 다양한 노력이 있었기에 지역 재건이 가능했음을 현지에서 실감할 수 있었다.

이것이야말로 지역 재건의 키워드라고 생각하지 않는가?

'키워드로 말한다.'

이것을 조금만 의식해도 많은 것을 발견을 할 수 있다.

그렇다. 잘 듣게 하기 위한 기술은 결코 '듣게 하기' 위해서만 필요한 것은 아니다.

자, 지금까지 꽤 많은 것을 설명한 것 같다. 하지만 아직 끝나지 않았다. 다시 장을 바꿔서 '듣게 하는 기술'에 대해 계속해서 함께 생각해보자.

잘 듣게 하기 위한 기술은 결코 '듣게 하기' 위해서만 필요한 것은 아니다.

1미터 테두리 법칙

3

'부족함'을 알려라

인간은 왜
더 듣고 싶어 할까

'포석은 오케이!' 라며 기세 좋게 이야기를 시작했지만, 도중에 듣다가 지겨워진 듯 청중이 지루한 얼굴을 한다. 꾸벅꾸벅 졸기 시작한 사람도 있다. 개중에는 자리에서 일어나 돌아가는 사람들도 드문드문 나타난다.

만약 이런 상황이 발생하면 말하는 사람은 너무나도 비참해진다.

설마 그런 사람이 있을까 하고 생각할지도 모르겠으나, 이건 일상적인 일이다.

예를 들어, 나 같은 학자가 기업경영자를 상대로 강연을 하는 경우를 보자. 강연을 듣는 경영자들에게는 '학자가 하는 말이니까 잘 들어야지' 라는 생각이 아예 없다. 속으로는 완전히 반대라고 생각해도 된다.

'학자가 하는 말이니 아마 고리타분할 거야' 라고 생각하는 것이 보통이다.

그래도 처음에는 어떤 이야기를 할까 하고 일단 귀를 기울인다. 하지만 이야기가 조금이라도 늘어지면 그들은 '역시 생각했던 대로다. 지루해' 라는 듯, 마치 예상이 맞아서 안심했다는 얼굴을 하고 강연 도중에 당당히 자리에서 일어나서 나간다.

"주최자로부터 꼭 와달라는 부탁을 받고 온 것뿐이니까. 일단 얼굴을 내비쳤으니 이것으로 할 일은 다했다"라는 마음일지도 모른다.

너무 무례한 태도라고 생각하는 사람도 있겠지만, 실제로 나는 경영자 여러분의 이런 정직(?)한 점이 마음에 든다. 바꿔 말하면 '재미있으면 들어준다' 라는 뜻이기도 하니까.

권위나 의리가 아니라 이야기의 내용 자체를 보고 들어줄지 말지를 정하는 것이니, 성적을 받기 위해 마지못해 교실에 앉아 있는 학생들보다 훨씬 낫다.

나는 30대부터 이런 경영자들을 상대로 강연을 해왔다. 덕분에 꽤 단련되었다고 생각한다.

이 장에서는 강연 도중에 청중을 질리지 않게 하고, 오히려 청중을 끌어당기기 위해서는 무엇이 필요한지에 대해 생각해보려고

1미터 테두리 법칙

한다. 이것은 바꿔 말하면 '사람은 왜 이야기를 듣고 싶어 할까' 라는 근본적인 문제에 대해 생각해보는 일이기도 하다.

왜일까.

강연 도중에 지겨워서 돌아가버렸다는 것은 말하는 사람이 청중에게 더 듣고 싶다는 욕구를 일으키지 않는다는 증거니까.

그러면 청중의 '더 듣고 싶다' 라는 욕구는 대체 어디에 바탕을 둔 것일까.

이 장에서는 우선 이 의문을 바탕으로 이야기를 시작하려 한다.

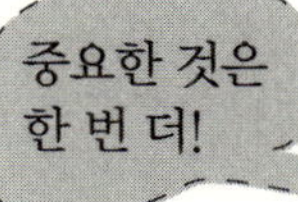

말하는 사람이 청중에게 더 듣고 싶다는 욕구를 일으키지 않으면 청중은 지겨워하게 된다.

배우고 나면
부족함을 알게 된다

'벼는 익을수록 고개를 숙인다.'

여러분은 이 말을 들어봤을 것이다.

뭔가를 알게 되면 그것을 통해 도리어 자신의 지식이 부족함을 깨닫게 되고, 어떤 것을 공부하면 오히려 더 공부를 해야겠다는 생각이 들게 된다는 의미이다.

그런데 이 속담에는 청중의 관심을 끌기 위해서 반드시 필요한, 중요한 포인트가 숨어 있다.

보통, 이야기를 더 듣고 싶다고 생각하게 되는 배경에는 많든 적든 청중의 '지적 욕구'라는 동기가 잠재되어 있기 때문이다.

물론 그런 것과는 관계없이 '단순히 듣고 즐기기 위해' 듣는 경우가 없는 것은 아니다. 예컨대, 만담이나 토크쇼에서처럼 오락으로서 이야기를 즐기는 경우가 그것이다.

하지만 잠시 자기 자신을 되돌아보자. 여러분이 다른 사람의 이야기를 듣고 싶다고 생각할 때는 어떤 때일까?

비단 즐겁게 웃고 싶을 때만은 아닐 것이다. 오히려 대부분 여러분의 등을 떠미는 것은 지적 욕구일 것이다.

뭔가를 알고 싶다, 뭔가에 대해 알고 싶다는 마음은 인간의 본능이다. 이 본능이 있기에 사람은 다른 사람의 이야기에 귀를 기울이는 것이다.

이것은 대학 강의처럼 말하는 사람이 어떤 주제에 대해 일방적으로 떠들거나, 정보를 제공하는 경우에만 한정된 것은 아니다. 일상적인 대화를 할 때도 자주 볼 수 있다.

이렇게 듣는 사람의 지적 욕구를 자극하는 사람을 가리켜 '말을 잘한다'고 한다. 청중은 그들에게 '앗, 그래서?'라고 반응하면서 이야기를 계속 이어가기를 요구한다.

1미터 테두리 법칙

생각해보면 앞 장에서 이야기했던 '수수께끼 내기'도 이것에 해당된다. 'A는 B다. 왜냐하면……' 이라고 하면 우리는 A와 B 사이에 어떤 관계가 있는지 알고 싶어진다. 그것을 듣지 않아도 아무런 문제가 되지 않지만, 자꾸만 신경이 쓰인다. 왜냐하면 우리의 지적 호기심이 자극을 받았기 때문이다.

그러므로 듣는 사람의 관심을 끌기 위해서는 듣는 사람에게 뭔가 부족한 부분을 알려주어야 한다. 이야기를 듣고 자신의 공부 부족, 지식 부족을 실감하게 만들어서 더 듣고 싶고, 이야기를 더 들어야겠다는 생각이 들게 한다. 그런 식으로 듣는 사람의 지적 욕구를 연속적으로 자극하는 것이다. 사람을 끌어당기는 이야기는 그런 힘을 갖는다.

듣는 사람의 관심을 끌기 위해서는 듣는 사람에게 뭔가 부족한 부분을 알려주어야 한다. 사람을 끌어당기는 이야기는 듣는 사람의 지적 욕구를 연속적으로 자극한다.

'유래'가 지적 호기심을
자극한다

이런 식으로 말하면 어려울 것 같다고 지레 포기해버리는 사람도 있다. 하지만 듣는 사람의 지적 호기심을 자극하면서 말하는 것 자체는 그렇게 어렵지 않다.

예를 들어, 이야기 속에 단어의 유래를 집어넣기만 해도 큰 효과를 볼 수 있다. 거기에는 의외성이 들어 있기 때문이다.

한번 예를 들어보자.

"돈부리간조(どんぶり勘定, 주먹구구라는 의미)의 돈부리(どんぶり)는 돈부리바치(どんぶり鉢, 사발)의 돈부리와 다르답니다. 알고 있어요?"

"어머, 그래요?"

중소 영세기업, 특히 현금 장사를 하는 소매점 등의 경우, 돈이 '나가고' '들어오는' 것이 명확하지 않거나, 제삼자가 그것을 체크할 수 있게 제대로 기록되어 있지 않은 곳이 많다. 이것은 은행에서 돈을 빌릴 때 불리하다.

"이렇게 돈부리간조(주먹구구)식이면 곤란해요."

그러니까 나는 이 말이 하고 싶은 것이다. 하지만 이렇게만 말하고 끝내면 이야기가 설교조가 되므로, 듣는 사람이 귀 기울여 듣지 않는다.

그럴 때 이 말의 유래를 이야기해보자.

1미터 테두리 법칙

"직인들이 입던 작업복 앞섶에는 물건을 넣어두는 주머니가 달려 있어요. 그 주머니를 옛날에는 돈부리라고 불렀답니다."

"그렇구나. 몰랐어요."

듣는 사람은 자신의 지식이 부족하다는 것을 깨닫고 상대방의 얘기를 한번 들어볼까 하는 생각이 든다.

"직인들은 그 주머니 속에 뭐든 집어넣습니다. 물론 돈이 수중에 들어오면 그 주머니에 넣어뒀다가, 돈을 낼 때 다시 거기에 손을 집어넣어 돈을 꺼냅니다. 대충 손에 집히는 대로 적당히 꺼내는 거죠. 그런 연유로 적당히, 대충대충 하는 것을 '돈부리간조' 라고 말하게 된 겁니다.

여러분의 회사는 괜찮습니까? 이렇게 옛날 직인처럼 돈을 다루면 좋은 경영자라고 할 수 없겠죠. 은행에서 돈을 빌릴 때도 불리합니다."

이런 식으로 말의 유래를 집어넣기만 해도 커뮤니케이션이 원활해진다.

부족함을 알린다. 이 방법은 정말로 효과적이다.

말의 유래를 집어넣기만 해도 커뮤니케이션이 원활해진다. 유래를 통해 부족함을 알린다.

숫자를 이용하라

이와 같은 효과를 발휘하는 또 하나는 바로 '숫자'이다. 이것도 잘만 활용하면 듣는 사람의 관심을 끄는 데 도움이 된다.

"지구를 열 바퀴 도는 거리와 달까지 가는 거리 중 어느 쪽이 길다고 생각하십니까?"

이런 알아도 그만 몰라도 그만인 숫자도 어떻게 조합하느냐에 따라 의미를 갖는다.

"혹시 달까지 가는 거리라고 생각하지 않았습니까? 하지만 아닙니다. 실제로는 반대예요. 지구를 한 바퀴 도는 거리는 약 4만 킬로미터에요. 그럼 열 바퀴는 40만 킬로미터가 되겠죠? 여기에 비하면 달까지의 거리는 약 38만 킬로미터입니다. 따라서 지구 열 바퀴의 거리는 달까지의 거리보다 2만 킬로미터가 더 길어요."

여기에서 질문을 던진다.

"실제로 이것은 며칠 전 텔레비전의 퀴즈 프로그램에서 실시했던 설문입니다. 그 프로그램에서도 응답자의 대부분이 달까지의 거리라고 대답했습니다. 여러분도 달까지의 거리가 더 멀다고 생각했을 겁니다. 그 이유가 무엇일까요?"

이런 질문이 듣는 사람의 사고를 자극한다. '나는 왜 달을 골랐을까?' 하고 생각하게 되는 것이다.

거기에 이어서 질문을 계속한다.

"물론 달은 멀지요. 우리의 이 감각은 우주선을 발사하는 요즘 시대에도 별로 달라지지 않았습니다. 하지만 지구에 대해서는 어떨까요. 최근에는 '세계 일주 호화여행, ○○만 엔!' 과 같은 신문광고를 자주 보지 않나요? 물론 금액 면에서 보면 서민의 입장에서는 여전히 그림의 떡이지만, 이런 신문광고를 자주 접하다 보면 자기도 모르는 사이에 세계 일주도 별것 아닌 것처럼 느껴져서 먼 거리를 돈다는 감각이 차츰 희미해지지요. 그러다 보면 어느새 현실의 거리와는 다른 '이미지로서의 거리' 가 만들어집니다. 이것이 퀴즈의 응답에서 드러난 거지요.

정보화시대의 함정은 이런 점에서도 파악할 수 있습니다. 현대에는 좋든 싫든 많은 정보가 우리에게 멋대로 들어옵니다. 이것이 자기도 모르는 사이에 우리의 의식 속에 일종의 이미지를 만들어 갑니다. 더구나 마치 그것이 현실인 양 착각하게 되는 거죠.

지금, 우리는 그런 시대를 살고 있습니다. 때에 따라서는 이것이 무척 위험한 사태를 만듭니다."

약간 억지스러운 면이 없는 것은 아니지만, 이것이 숫자를 통해 듣는 사람의 사고를 자극하면서 이야기를 전개하는 방식이다. 어떤가? 여러분도 한번 해보고 싶지 않은가?

> **중요한 것은 한 번 더!** 알아도 그만 몰라도 그만인 숫자도 어떻게 조합하느냐에 따라 의미를 갖는다.

숫자로
부족함을 알린다

물론 숫자로 거짓말을 하는 사람들이 있는 것도 사실이다. 하지만 잘못된 정보가 가져오는 그릇된 인식은 올바른 숫자를 제시함으로써 바로잡을 수도 있다. 이것은 매우 중요한 일이다.

예를 들어, 고이즈미 정권 이래로 '작은 정부' 론이 유행하고 있다. 일본의 정부는 너무 커서 막대한 적자를 안고 있다, 그러니 앞으로 일본 국민은 더 작은 정부를 지향해야 한다는 것이다.

정부관계자, 정치가, 학자, 매스컴, 모두가 이구동성으로 이런 식으로 주장하면서, 따라서 개혁이 필요하다며 '고이즈미 개혁' 을 떠들썩하게 선전해왔다. 덕분에 그것이 일본 국민의 상식이 될 정도였다.

하지만 그것이 맞는 소리일까. 잠시 숫자를 확인해보자.

GDP(국민총생산)라는 한 나라의 경제 규모와 정부지출금액을 비교하면 정부의 크기가 보인다.

이 숫자를 보면 선진국인 OECD 국가의 평균은 41%이다. 경제 규모의 약 40% 수준이면 평균적인 정부의 크기인 것이다.

나라별로 말하면 복지국가라고 불리는 스웨덴이나 덴마크는 물론 프랑스도 50%를 넘는다. 독일, 이탈리아, 영국도 평균치를 웃돈다.

1미터 테두리 법칙

그러면 일본은 어떨까. '큰 정부'라고 하므로 적어도 평균치보다는 높을 것이라고 생각하지 않았나? 그런데 실제로는 정반대다. 일본은 37% 정도다. 평균보다 4%나 작은 정부인 셈이다.

미국은 36%이므로 일본과 엇비슷한 수준이다. 어쨌든 아무리 봐도 일본은 선진국 중에서는 압도적으로 작은 정부인 나라의 부류에 들어간다. 그런데도 대부분의 일본인이 일본은 정부가 너무 큰 나라라고 굳게 믿고 있다. 그 이유는 무엇일까. 나는 이것이야말로 정보(조작)가 만들어낸 일이라고 생각한다.

최근 가장 비난의 대상이 되고 있는 의료비와 관련해서도 똑같은 일이 일어나고 있다. 고령화가 진행되면서 의료비 지출이 눈덩이처럼 불어나고 있으며 이대로 방치하다가는 나라가 망할지도 모른다는 것이다. 이것도 정부나 학자, 매스컴에서 떠드는 이야기이다.

그래서 역시 숫자로 확인해보았더니, 이런 세상에. 실제로 일본은 의료비 지출이 적은 나라였다.

일본은 GDP에서 의료비가 차지하는 비율이 7.9%밖에 안 된다. 전 세계에서 17위에 해당한다. 이것은 독일의 22.1%와 비교해도 상당히 낮고, 미국의 반밖에 안 되는 것이다.

이 점은 정부의 의료관계 지출도 마찬가지다. 의료에 연금이나 복지를 더한 사회보장급부비의 대 GDP비율은 일본의 경우 17.5%(2006년도)에 불과하다. 이대로 의료비 지출이 계속 증가하면 우려가 된다고 말들이 많지만, 그 근거가 되는 후생노동성의 예상 전망치를 봐도 2025년에 19.0%에 이를 뿐이다.

독일은 이미 2001년에 28.8%에 이르렀으므로 15년 이상 지나도 일본은 당시의 독일보다 여전히 낮은 상태다. 만약 의료비 지출이 커져서 정부가 무너진다면 독일 등은 이미 예전에 무너졌어야 한다.

이런 의료비 지출 소국이 정말로 의료비를 삭감한다면 어떻게 될까. 그 결말은 이미 조금씩 나타나고 있다. 현재 사람들이 말하고 있는 의사 부족, 간호사 부족, 의료의 지역 간 격차가 그것이다.

재정 문제든, 의료 문제든 내가 이런 식으로 숫자를 정확하게 제시하고, '정말로 무엇이 문제인가, 같이 생각해보자' 라고 외치면 듣는 사람은 내 이야기에 귀를 기울여준다. 스스로 지식이 얼마나 부족한지 알게 됨으로써 상대방의 이야기에 귀를 기울이자는 마음이 생기기 때문이다. 나는 이것이야말로 숫자의 효용이라고 생각한다.

잘못된 정보가 가져오는 그릇된 인식은 올바른 숫자를 제시함으로써 바로잡을 수 있다. 그러면 듣는 사람도 귀를 기울이게 된다.

1미터 테두리 법칙

'잘 듣게 하기'
위한 힘

이렇게 이야기의 요소요소에 듣는 사람의 부족함을 알려서 관심을 끄는 것이 '잘 듣게 하기' 위한 방법임을 이야기했다. 지금부터는 그것을 내가 강연에서 어떻게 실천하고 있는지 잠시 소개해보겠다.

앞에서 〈21세기 비즈니스 학원〉이란 프로그램에서 '경영자의 고민을 풀어드리겠습니다' 라는 기획이 있었다고 설명했다. 그 고민들 중에는 '신상품 개발' 이란 고민이 있었다.

나도 이것을 주제로 자주 강연을 한다. 단, 내 경우는 이야기의 중심이 '신상품 개발' 이라기보다는 '신가치의 창조' 다. 새로운 가치를 창조해나가기 위해서는 하나의 수단으로 새로운 상품을 개발해야 한다는 논리다.

돌이켜보면 디플레이션의 시대가 오래 지속되면서 일본인의 생활은 보기 딱할 정도로 힘들어졌다. 정사원이 줄고 파견직, 파트타임, 아르바이트처럼 임금이 싸고 언제 해고될지 모르는 불안정한 고용층이 늘었다. 이런 사태가 벌어진 배후에는 디플레이션 과정에서 기업이 판매하는 상품이나 서비스의 부가가치가 줄어들었기 때문이다.

상품의 판매 가격과 그것을 생산하기 위해 구입한 원재료 등의 구매 가격과의 차이를 부가가치라고 한다. 이 부가가치 안에는 인건비가 포함되어 있다. 따라서 디플레이션으로 판매 가격이 내려가고 부가가치가 줄어들면 기업은 사원을 내보내려고 한다. 정사원을 파견사원으로 대체한 데에는 이런 배경이 있다.

그래서 일본인이 보다 안정된 생활을 영위해가기 위해서는 경영자가 나서서 부가가치를 늘리는 '가치 창조'에 도전해야 한다. 그러면 정사원을 늘릴 수 있다.

그렇다면 경영자는 어떻게 해야 할까. 강연에서는 그것이 주제가 된다.

'재미있을 것 같아. 하지만 어려울 것 같은데!' 이렇게 느끼지 않았는가?

그렇다. 이 이야기는 잘못하면 듣는 사람을 지겹게 만들 수도 있다.

그래서 방법이 필요하다. 무엇으로 이야기를 시작하고, 그것을 어떻게 전개해야 할까.

이야기의 요소요소에 듣는 사람의 부족함을 알려서 관심을 끄는 것이 '잘 듣게 하기' 위한 방법이다.

1미터 테두리 법칙

잠시
멈춘다

"JR 시즈오카 역에서 도보로 5분 정도 걸리는 곳에 시즈오카 시가 운영하는 'SOHO 시즈오카'라는 창업지원시설이 있습니다. 회사를 새롭게 설립하고 싶은 사람, 또는 갓 설립한 작은 회사를 키우고 싶은 사람들을 지원하는 시설입니다.

그곳에는 고이데 무네아키 씨라는 매니저가 있습니다. 이분은 글쎄 이 시설에 온 지 겨우 3년 만에 140개가 넘는 히트상품을 개발해냈어요. 어떻게 그것이 가능했을까요? 여러분, 궁금하시죠?"

내 이야기는 늘 이런 식으로 구체적인 것에서부터 시작된다. 앞에서 설명했던 '반경 1미터에서 시작해라'라는 방법을 떠올려 보라.

"나는 그 자리에서 바로 고이데 씨에게 그 비결을 물어봤습니다. 그가 뭐라고 했을 것 같아요? 딱 한마디 합디다. '만남이요'라고 말이지요!"

여기에서 키워드가 등장한다.

'잘 듣게 하기' 위한 두 번째 철칙은 '키워드를 말하라' 였다. 나도 물론 이것을 실천하고 있다. 상품개발의 키워드, 그것은 '만남' 이다.

이 장의 주제와 관련된 것은 지금부터다.

고이데 씨가 말한 '만남'이란 기업과 사람의 만남으로, 다양한 능력을 가진 시즈오카 시민들을 여러 기업과 만나게 해주는 것이다. 그러면 거기에서 다양한 신상품이 탄생한다나.

문제는 그런 시민들을 어떻게 해서 'SOHO 시즈오카'에 오게 하느냐는 것이다. 그때 고이데 씨가 실시한 것이 취미 강좌다.

"어느 날, 아로마테라피 강좌를 개최했다고 하더군요. 그랬더니 많은 여성들이 찾아왔습니다. 그 중에 고바타 아키미라는 분이 있었어요. 고바타 씨에게 고이데 씨가 질문을 했습니다.

'고바타 씨는 어떤 일을 하고 계신가요?'

'저는 스포츠 영양사를 하고 있어요.'

고이데 씨는 이 스포츠 영양사란 말을 듣고 또 다시 피가 끓기 시작했다고 합니다."

덧붙여 말하면 스포츠 영양사란 국가대표 운동선수나 J리그 등의 선수들의 영양관리를 하는 일이다. 일본에서는 아직 흔하지 않지만 사실 굉장히 중요한 일이다.

"신상품을 만들어내는 만남을 만들기 위해, 고이데 씨는 즉시 고바타 씨에게 이렇게 제안했다고 합니다."

'죄송하지만, 저와 함께 이 지역에 있는 기업에 가보지 않겠습니까?'

여기까지 이야기를 진행하다가 나는 돌연 강연을 멈추고, 청중에게 질문을 던졌다.

1미터 테두리 법칙

"여러분, 고이데 씨는 그녀를 대체 어떤 회사로 데리고 갔을까요?"

이야기를 진행하다가 돌연 강연을 멈추고, 청중에게 질문을 던지는 것도 흥미를 유발하는 방법이 될 수 있다.

발상의 부족함을
알린다

물론 나는 간단히 답을 가르쳐주지 않았다.

"여러분도 경영자입니다. 신상품 개발은 여러분에게도 중요한 과제입니다. 그렇다면 여기서 잠시 생각해보세요. 본인이라면 이 스포츠영양사를 어디로 데리고 가겠습니까? 이것은 경영자의 센스를 시험해보는 것이기도 합니다."

그 말을 들은 경영자들은 팔짱을 끼고 고개를 갸웃거리면서 이리저리 머리를 굴려본다. '경영자의 센스를 시험한다'라는 말까지 들은 마당에 못 들은 척할 수도 없기 때문이다.

시간을 충분히 주고 나서 나는 이렇게 말을 잇는다.

"실제로 고이데 씨는 그녀를 그 지역의 도시락 가게에 데리고 갔습니다. 그리고 사장에게 이렇게 말했습니다.

'사장님! 이분과 협력하여 건강 도시락을 만들어보지 않겠습니까?'"

청중의 대부분은 아마도 스포츠에 관계된 업계, 예를 들어 체육관이나 헬스클럽을 경영하는 회사를 떠올렸을지도 모른다. 그런데 답은 도시락 가게였다.

'아, 그렇구나. 건강 도시락이라. 거기까지는 미처 생각하지 못했네.'

경영자들은 그런 표정을 짓는다. 자신의 발상이 얼마나 좁은지 깨닫고 약간 분한 얼굴을 하는 경영자도 있다. 그래서 나는 연이어 질문을 했다.

"그럼, 이 건강 도시락을 실제로 만들어서 팔게 되었습니다. 얼마나 팔렸을까요?"

물론 이때 자리에서 일어선 사람은 한 명도 없다. 도리어 빨리 그 다음을 말하라는 듯 많은 시선이 나를 재촉했다.

'건강 도시락이라니, 상상도 못했는데.'

이렇게 자신의 발상이 부족하다는 것을 알게 되자 그들에게 '그 다음을 듣고 싶다' 라는 지적 욕구가 발동된 것이다. 이후에는 마치 사막에 물이 스며들듯이 청중에게 이야기가 스며들어갔다.

"실제로는 판매를 시작하고부터 겨우 열흘 동안 무려 3만 개나 팔렸어요. 전대미문의 대히트 상품이 된 거죠. 그런데 어떻게 이런 결과가 나왔을까요?"

1미터 테두리 법칙

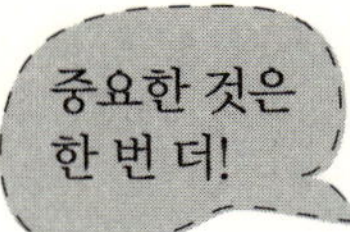

자신의 발상이 부족하다는 것을 알게 되면 '그 다음을 듣고 싶다' 라는 지적 욕구가 발동한다.

사고의 부족함을
알린다

"사실은 이 시기에 시즈오카 현에서 국민체육대회(우리나라의 전국체전에 해당하는 대회—옮긴이)가 열렸습니다. 그래서 체육대회에 참가한 많은 선수들이 이 건강 도시락을 사먹었어요. 그리고 그것이 계기가 되어 일반 시민 사이에서도 '체육대회에 참가한 선수들이 먹는 건강 도시락' 이라며 급속도로 퍼지게 된 거죠.

자, 그럼 왜 선수들은 이 도시락을 사먹었을까요?

선수들의 마음은 쉽게 상상할 수 있습니다. 매일 고된 연습을 거듭하다 드디어 시합 날이 되었어요. 그런 중요한 날의 점심입니다. 그런데 평범한 도시락과 스포츠 영양사가 고안해낸 건강 도시락이 나란히 진열되어 있어요. 그러면 값은 조금 비싸도 스포츠 도시락에 손이 가지 않을까요? 여러분은 어떠세요?"

'나도 그렇지' 라는 듯 경영자들도 고개를 끄덕였다.

나는 그 타이밍을 노려서 다시 다음과 같이 질문을 던졌다.

"하지만 여기서 조금 더 깊이 생각해봅시다. 선수들이 값은 좀 비싸도 건강 도시락을 선택한 이유는 무엇일까요?"

단순히 '선수들이라면 그럴 수 있겠다' 라는 '감각' 에 그치는 것이 아니라 사안의 의미를 '논리' 로 이해해야 한다. 나는 청중들이 그런 경영자가 되기를 요구한 것이다.

잠시 시간을 두고 나서 나는 이렇게 말했다.

"아무리 생각해도 답은 하나밖에 없습니다. 그것은 스포츠 영양사의 지혜가 그 도시락에 들어갔기 때문입니다. 그게 없었다면 보통은 가격이 싼 도시락을 택했겠죠.

'값이 좀 비싸도……', 바로 이것이 핵심입니다. 이것이야말로 부가가치이기 때문입니다. '이 도시락에는 부가가치가 있다. 따라서 조금 비싸더라도 선수들은 살 것이다' 라고 판단할 수 있지요.

그러면 그 부가가치는 어떻게 해서 만들어진 걸까요? 그것은 이 도시락 가게 주인이 그때까지는 이 업계와는 전혀 관계가 없던 스포츠 영양사의 지혜를 도시락 만들기에 새롭게 도입했기 때문입니다. 이것은 가치 창조라는 면에서 가장 중요한 사안을 시사합니다.

'부가가치' 란 다양한 사람의 지혜와 아이디어를 도시락 만들기에 쏟아 부은 행위입니다. 고이데 씨가 '만남이 중요하다' 고 말한 의미도 바로 여기에 있습니다.

저는 여러분이 부디 '신가치 창조' 라는 과제에 도전하기를 바랍니다. 디플레이션에 의해 만신창이가 된 일본의 경제와 사회를 바로 세우기 위해 꼭 필요한 일이니까요.

그러기 위해서 경영자는 무엇을 해야 할까요? 건강 도시락의 사례는 그 해답을 우리에게 알기 쉽게 가르쳐줍니다. 다양한 능력을 가진 사람이나 기업과 다양한 '연계'를 모색해간다, 바로 이것입니다.

여러분의 회사는 이것을 경영전략 안에 보다 확실하게 집어넣는 것이 필요합니다. 그것은 이제 시대가 요청하는 경영자의 공통된 과제라고 해도 과언이 아닙니다."

강연에서는 이 후에도 '연계'에 관한 다양한 사례를 소개하면서 이야기를 계속했다. 그것을 열심히 듣는 청중들.

"이런 식으로 생각을 정리해가다 보면 여러 가지 경영과제가 더 확실하게 보이게 될 것입니다."

이렇게 진행되는 강연에 경영자들 스스로 자신의 부족함을 새삼 인식하면서 계속 듣고 싶다는 지적 욕구가 생긴 것이다.

듣는 사람의 관심을 끌면서 이야기를 전개해가기 위해서는 이것이 매우 중요하다고 말했다.

그 '부족함'은 이른바 지식의 양만을 의미하는 것은 아니다. 어떤 때는 발상의 유연함, 또 어떤 때는 생각의 깊이란 점에서 듣는 사람의 부족함을 알리는 것이 중요하다.

이를 통해 자극을 주고 듣는 사람의 지적 호기심을 불러일으켜서 더 듣고 싶다는 욕구를 만드는 것이다.

　　여러분도 모쪼록 이것을 유의하면서 이야기를 다시 만들어보길 바란다. 듣는 사람의 반응이 눈에 띄게 달라지는 것을 실감할 수 있을 것이다.

'부족함'은 이른바 지식의 양만을 의미하는 것은 아니다. 어떤 때는 발상의 유연함, 또 어떤 때는 생각의 깊이란 점에서 듣는 사람의 부족함을 알리는 것이 중요하다.

'알았을' 때가
'아무것도 모르는' 때

　　들으면 들을수록 그 다음이 듣고 싶다면, 그것은 듣게 한다는 측면에서는 매우 이상적인 상황이다. 하나를 들으면 거기에 의문이 생기고, 그 의문에 대한 답을 알면 거기에서 나아가 다시 새로운 의문이 생긴다. 다시 말해 배우면 배울수록 부족함을 알게 되므로 자연히 앞으로 나아가게 된다는 것이다.

　　물론 이것은 어디까지나 이상이므로 언제까지나 이런 식으로 잘 되리라는 보장은 없다. 하지만 적어도 대학 강의에서는 이런 방식이 필요하지 않을까. 왜냐하면 원래 학문체계란 그런 지적 욕구

1미터 테두리 법칙

가 연쇄적으로 일어나는 것이기 때문이다.

나도 금융론 강의에서는 그렇게 진행하려고 무척 애썼다.

1장에서 설명했듯이 천 엔짜리 지폐와 백 엔짜리 동전의 차이부터 시작해서 저금에 대한 이야기로 연결되어, 마침내 저금은 대체 누가 만든 것인가라는 의문에 이르게 되었다. 기억하고 있는가?

이 의문은 금융론을 배우는 데 있어 출발점이라고도 할 수 있다. 1장에서는 그 지점에서 이야기가 끝나지만 여기에서는 이 장의 주제와 관계해서 그 뒤를 조금 더 이야기하려고 한다.

자, 생각해보자. 과연 저금은 누가 만들었을까?

정답은 은행이다. 더 자세히 말하면 은행원의 손끝이 저금을 만든다.

'설마' 하고 생각하는 사람도 있을 것이다. 하지만 이것은 여러분이 실제로 은행에 돈을 빌리러 가면 알 수 있다.

예를 들어 주택을 구입하기 위해 여러분이 은행에서 3000만 엔을 빌린다고 가정해보자. 그럴 때, 은행원이 금고에서 현금 3000만 엔을 꺼내서 여러분에게 건네주느냐 하면, 그렇지는 않다. 보통은 여러분의 예금계좌에 3000만 엔을 입금하는 형태로 돈을 빌려준다.

그러나 불입한다고 해도 은행원이 단순히 컴퓨터의 키보드를 쳐서 저금통장에 3000만 엔이라고—그리고 물론 은행이 보유한

데이터 속에도—입력할 뿐이다.

이것은 은행이 갖고 있는 돈을 여러분의 계좌에 집어넣은 것이 아니다. 완전히 새로운 3000만 엔이라는 저금이 세상에 태어난 것이다.

은행원이 손끝으로 키보드를 두드려서 새로 만들어낸 저금. 여러분은 이것을 빌려서 주택 구입대금으로 쓴다. 그러면 그 돈은 집주인의 계좌로 이동한다. 그리고 그 주인이 또 뭔가를 지불하는 데 그 돈을 쓰면 그 저금이 다시 다른 회사나 사람의 수중에 옮겨간다. 저금이 통화로서 돌고 돌아 소유주를 계속 바꾸는 것이다.

그러게 해서 유통되는 저금을 최초로 만들어낸 것이 은행이다. 이것은 누구도 부정할 수 없는 명백한 사실이다.

'과연 그렇구나.'

학생들은 여기에서도 다시 자신의 지식이 얼마나 부족한지를 깨달을 것이다. 그런데 어느 정도 사고력이 있는 학생이라면 이것이 다시 새로운 의문의 씨앗이 된다.

하나를 들으면 거기에 의문이 생기고, 그 의문에 대한 답을 알면 거기에서 나아가 다시 새로운 의문이 생긴다.

'듣게 하는' 것은
'생각하게 하는' 것

"교수님, 질문이 있는데요……."

"뭔데? 말해보게."

"교수님의 설명에 따르면 은행은 스스로 저금을 만들어서 돈을 빌려주는 것이 됩니다. 하지만 정말로 그게 가능하다면 은행은 왜 열심히 저금을 유치하는 거죠?"

"좋은 질문이야!"

그때 또 다른 질문자가 나타났다.

"경기가 나빠서 큰일이라는 말을 자주 듣습니다. 하지만 교수님이 말씀하신 것처럼 은행이 돈을 쉽게 만들 수 있다면 계속 돈을 찍어서 불경기를 종식시키면 될 텐데, 왜 그렇게 하지 않는 걸까요?"

"그렇지 그렇지, 이런 질문이 나와야지!"

나아가 이런 질문도 나왔다.

"교수님, 저희는 고등학교에 다닐 때까지 은행은 저금을 유치하고 그것을 빌려주는 곳이라고 배웠습니다. 하지만 교수님이 말한 것처럼 은행이 스스로 저금을 만들고 빌려주는 곳이라면 우리는 잘못된 지식을 배웠다는 뜻이 아닙니까? 하지만 정말로 그런가요?"

이런 식으로 하나를 알았지만 모르는 것을 더 많이 알고 싶어 하는 연쇄작용이 일어난다.

많은 지식을 가진 학생보다 모르는 것이 많은 학생이 훨씬 우수하다는 것이 내 지론이다.

실제로 내 강의에는 강의가 끝난 후 질문을 하려는 학생들이 줄을 선다. 덕분에 나는 쉬는 시간이 없을 때도 적지 않다.

기쁜 일은 내 강의를 듣고 학생들이 스스로 생각하기 시작했다는 점이다. 그럴 때마다 이번 강의는 성공했다고 느끼게 된다. 그런 의미에서는 '듣게 하는' 것은 '생각하게 하는' 것이나 마찬가지다.

"그렇게 조급하게 굴지 말게! 자네들의 의문은 1년 동안의 강의를 통해 천천히 풀어줄 테니까."

금융론이란 학문은 바로 이런 의문에 대답하기 위해 존재한다.

교사가 어떻게 가르치느냐에 따라 학생들이 항상 다음번 강의를 기다리는 상황을 만들 수 있다. 적어도 나는 그런 수업을 위해 매일 구슬땀을 흘린다.

하나를 알면 모르는 것을 더 많이 알고 싶어 하는 연쇄작용이 일어난다. 그런 의미에서 '듣게 하는' 것은 '생각하게 하는' 것이나 마찬가지다.

1미터 테두리 법칙

'열네 살의 도전'에서
배운다

지금까지 '부족함을 알린다'를 중심으로 듣게 하는 기술에 대해 생각해보았다.

우리는 울음을 터뜨리며 이 세상에 태어난 후, 시간이 흐르면서 동시에 다양한 지식과 능력을 배운다. 그때까지 알지 못했던 것을 알게 되고 그때까지 하지 못했던 것을 할 수 있게 된다. 그것이 바로 성장이다.

하지만 이것은 사물의 한 면에 불과하다. 다른 면에서는 부족함을 알게 되는 것이야말로 성장이라고 할 수 있다.

후지야마 현에서는 '열네 살의 도전'이라는 제도가 있다. 그것은 지역에서 공립중학교 2학년생에게 의무적으로 직업 체험을 시키는 제도다. 기간은 원칙적으로 닷새이다. 중학생은 평균 서너 명이 한 그룹이 되어 학교 주변 지역 내의 기업이나 상점가에서 인턴십을 체험한다.

전에 나는 후지야마 현의 이 시도를 취재한 적이 있는데, 그때 실감한 것이 바로 '사람은 부족함을 알게 되면서 어른이 된다'라는 사실이다.

이야기가 조금 옆으로 빠졌지만, '듣게 하는 기술'에 대해서는 이 장의 마지막에 다시 다루려고 한다.

회사에 도착하고 제일 먼저 한 시간 정도 오리엔테이션을 받았다. 그리고 내가 담당한 일은 쌀을 보관하는 창고 안의 온도와 습도를 측정하는 일이었다. 처음에는 그곳의 직원 분을 보고 인사도 제대로 하지 못했다.

첫날 오전 중에는 온도와 습도를 조절하는 방법을 배웠다. 너무 높아도 안 되고 낮아도 안 된다고 하기에 참 어렵다고 느꼈다. 그리고 그 기록을 매일 정부에 보고한다고 해서 깜짝 놀랐다.

후지야마 현 중소기업가 동우회, 《ON YOUR MARK》

2005년 10월 미라클 TOYAMA 발행 , 4페이지

여자인 나는 관리나 사무적인 작업을 맡게 되었다. 창고 안을 둘러보고 짐을 수출할 곳을 체크했다. 창고에 출입하는 짐의 개수를 달별로 셌는데, 잘못 계산하면 큰일이라고 생각해서 바짝 긴장했다. 그때는 내가 대단한 일을 하고 있다는 생각이 들었다. 직원 분이 긴장을 풀어주려고 다정하게 말을 걸어주셔서 한시름 놓았다.

후지야마 현 중소기업가 동우회, 《ON YOUR MARK》

2005년 10월 미라클 TOYAMA 발행 , 4페이지

'열네 살의 도전'을 체험한 중학생의 글이다. 앞의 글은 남학생, 뒤의 글은 여학생의 것이다. 인사조차 하지 못했다, 일의 어려움을 알게 되었다, 일의 중요성에 놀랐다, 그곳 사원의 다정함에

1미터 테두리 법칙

한시름 놓았다 등등 일상적인 글 속에서 그들이 체험을 통해 많은 것을 배웠음을 느낄 수 있다.

내가 감탄한 것은 이 제도의 제안자인 선생님이 직업체험을 통해 무엇을 배우는지에 대해 이런 말씀을 했다는 점이다.

지역 어른과의 교류는 물론이려니와 자신이 곤란한 상황에서 다른 사람의 도움을 받는 것이 얼마나 중요한지를 알게 된다. 현재, 학생 시절부터 '자기실현'을 가르치려는 기운이 높아지고 있는데, 자기실현이란 무엇일까? 스스로 어떻게 해야 할지 모를 때, 다른 사람의 조언에 귀를 기울이고 상담해보는 것이라고 생각한다. 그리고 여러 사람이 손을 내밀어주었다는 사실을 기억하는 것이야말로 지금의 중학생에게도, 사회 전체에 있어서도 중요한 일이다.

후지야마 현 중소기업가 동우회, 《ON YOUR MARK》

2005년 10월 미라클 TOYAMA 발행 , 4페이지

중학생들은 자신의 능력이나 지식의 부족함을 깨닫고 동시에 다시 그것을 보완해주는 사람이 있다는 것도 알게 된다. 거기에 직업 체험의 의의가 있다.

'다른 사람의 조언에 귀를 기울이고 상담해보는' 순수함, '다양한 사람이 손을 내밀어준다'는 신뢰. 이런 것들을 통해 언젠가는 자신도 다른 사람에게 손을 내밀어주는 사람이 되고 싶다는 생각

3. '부족함'을 알려라

을 하게 된다. 그리고 그것이 아이들의 성장을 돕게 된다. 사회인이 된다는 것은 바로 그런 것이다.

일이 끝났을 때는 '아~, 하루가 끝났다. 피곤해라! 뜨거운 물에 들어가서 목욕하고 싶다' 라고 생각하며 팔을 쭉 뻗어서 기지개를 폈다. …… 집에 돌아온 후에는 저녁을 먹으면서 부모님에게 그날 있었던 일을 종알종알 이야기했다.

'열네 살의 도전' 의 첫날을 끝낸 학생의 감상이다. 부모에게도 하고 싶은 말이 많았던 것이다.

부족함을 알게 된다.

이것이야말로 바로 성장의 원동력인 동시에 커뮤니케이션의 원점이기도 하다.

사람은 부족함을 알게 되면서 어른이 된다. 그것은 성장의 원동력이자 커뮤니케이션의 원점이기도 하다.

1미터 테두리 법칙

4

'대화는 스트레스' 라고 생각하라

대화는
스트레스다

이 책을 읽는 여러분 중에는 많은 사람들 앞에서 말을 해본 적이 거의 없는 분들도 있을 것이다. 하지만 그런 사람들도 대화는 다들 일상적으로 한다.

그래서 이 장에서는 일대일이 아닌 소수를 상대로 한 대화를 하는 순간을 상정하고, '잘 듣게 하는 기술'에 대해 생각해보려고 한다.

여기에서 내가 처음으로 강조하고 싶은 것은 '대화는 스트레스다' 라는 점이다.

대화라고 하면 왠지 훈훈하고 따뜻한 느낌이 든다.

"폭력이나 압력이 아니라 대화로 문제를 해결합시다."

"가족이나 부부 간에는 대화가 필요합니다."

이런 식으로 대화가 거론될 때, 얼마나 평화적이고 가슴 따뜻하게 느껴지는지 모른다.

하지만 이런 생각은 위험하다.

애당초 그렇게 편한 것이라면 일부러 '대화를 하자' 는 말을 듣지 않아도 다들 알아서 대화를 나눌 것이다. '대화' 의 필요성을 부르짖는 이유는 그것이 그렇게 편한 것이 아니라 일종의 스트레스이기 때문이다. 그러다 보니 자기도 모르게 그것을 피해버린다.

요새 젊은이들을 보면 그것을 절실히 느낀다.

"얘들아, 다 같이 어디 놀러 가자."

"좋아, 어디 갈래?"

"나는 산이 좋아."

"정말? 난 바다가 더 좋은데."

이런 식으로 의견이 대립할 때, 예전의 젊은이들이라면 산 파가 바다 파를, 바다 파가 산 파를 열심히 설득했을 것이다. 하지만 요새 젊은이들의 문제해결 방법은 이렇다.

"그럼, 이렇게 하자. 바다에 가고 싶은 사람은 바다에 가고, 산에 가고 싶은 사람은 산에 가는 거야."

"그래, 그러자."

이것은 개개인의 의향을 존중하므로 언뜻 민주적인 해결방식처럼 보인다. 하지만 거기에는 대화가 없다. 대화가 없다는 점에서

1미터 테두리 법칙

는 진정한 민주주의라고 볼 수 없다.

'대화'의 필요성을 부르짖는 이유는 대화가 편한 것
이 아니라 일종의 스트레스이기 때문이다.

스트레스
커뮤니케이션

스트레스 커뮤니케이션.

이해가 대립한다든지, 다른 의견을 가진 상대와의 대화를 이렇
게 부른다. 이 용어는 아직 사람들에게 널리 쓰이는 말은 아니고,
내가 만들어낸 조어이다.

우리가 어렸을 때는 TV를 보는 것만으로도 스트레스 커뮤니케
이션을 피하지 못했다. 내가 아무리 어떤 방송을 보고 싶어도 형이
다른 방송을 보고 싶다고 가로막으면 나이가 어린 내 바람은 이루
어지지 않았다. 남은 길은 서로 타협하는 방법뿐이다.

친구와 약속을 했으므로 이 방송을 꼭 봐야 한다든지, 이 방송
은 굉장히 재미있으니 형도 꼭 보는 게 좋겠다든지, 어떻게 해서든
설득한다. 그래도 효과가 없으면 다양한 교환조건을 제시하여 교
섭에 들어간다. 그래도 안 되면 보게 해달라고 조르거나 동정심에

4. '대화는 스트레스'라고 생각하라

호소한다.

요약하면 상대의 기분을 상하지 않게 배려하면서 자신의 주장이 통하게 시도하는 것, 이것이 내가 말하는 스트레스 커뮤니케이션이다.

이것은 분명히 스트레스를 받는 일이다. 하지만 이런 체험을 통해 아이들은 상대의 표정에서 다양한 감정을 읽어내는 법을 자연스레 배우게 된다.

그런데 최근에는 가정에서 이런 스트레스 커뮤니케이션을 경험하는 일이 큰 폭으로 줄어들었다. 형제가 줄고 아이마다 각자 독립적인 자기 방이 주어지면서 가정 내의 커뮤니케이션 자체가 감소한데다, 경제적으로 여유가 생기면서 채널 다툼을 피하기 위해 텔레비전을 여러 대 구입하는 가정도 늘었기 때문이다.

그 결과, 아이들의 ‘스트레스 커뮤니케이션 능력’은 크게 감소하게 되었다. 나는 이것이 다양한 사회문제의 한 요인이 되었다고 생각한다.

아이들은 이해가 대립하는 상대와 합의가 될 때까지 서로 타협하지 못하고 곧바로 포기해버리거나 반대로 벌컥 화를 낸다. 또 스트레스를 피하기 위해 마음이 맞는 사람끼리 모인 소집단에 들어가서 숨어버린다. 그 결과 커뮤니케이션 능력은 점점 떨어진다. 이래서는 잘 듣게 하는 기술이 생길 리가 없다.

이런 젊은이들이 회사에 들어가면 정말로 불행하다. 거래처와

1미터 테두리 법칙

의 교섭은 물론, 동료들의 협력을 얻으려는 경우에도 스트레스 커뮤니케이션을 피할 수 없을 테니 말이다. 또 장래에 그런 젊은이가 상사가 되면 부하직원과도 제대로 대화가 될 리 없다. 이것은 본인에게도 그 부하직원에게도 매우 불행한 일이다.

대화는 스트레스다.

이것을 당연하게 받아들여라. 그것이 커뮤니케이션 능력을 기르는 출발점이라고 생각한다.

상대의 기분을 상하지 않게 배려하면서 자신의 주장이 통하게 시도하는 것이 스트레스 커뮤니케이션이다.

주체적인 것은
곧 비판적인 것

나아가 대화에서 중요한 점은 상대에게 비판을 시켜야 한다는 것이다.

대화를 스트레스라고 느끼는 사람 중에는 비판을 받는 것을 싫어하는 사람도 적지 않을 것이다. 그런데 실제로는 상대가 자신의 의견에 대해 비판하기 시작하면 그 대화는 이미 반은 성공했다고 해도 과언이 아니다.

'정말? 대체 어째서?' 라고 생각하는 사람을 위해서 조금 더 자세히 설명하겠다.

나는 기업의 경영자나 관리직에 있는 사람들이 종업원이나 부하직원들에게 '주체성이 없다' 라며 한탄하는 모습을 자주 본다. 그러면 나는 이런 질문을 한다.

"그럼, 주체성이란 무엇입니까?"

이렇게 물으면 갑작스런 질문에 "그것은……"이라며 대부분의 사람이 우물거린다. 그럴 때 나는 다시 묻는다.

"예를 들면 누구보다 아침에 일찍 회사에 가서 사무실 청소를 하는 직원이 주체적인 건가요?"

경영자나 관리직에 있는 사람들은 "아니요, 그런 게 아니고요" 라고 대답한다.

그러면 주체성이란 무엇일까?

실제로 주체적이라는 것은 곧 비판적인 것이나 마찬가지다.

따라서 상대에게 주체성을 요구할 때는 그 상대에게 비판적인 면이 있다는 것도 감수해야 한다. 예를 들어, 사장이 '지금 이런 사업계획을 생각하고 있다' 라고 직원에게 말했다고 가정해보자.

직원은 "예, 알겠습니다"라고 말하면서 고개를 끄덕인다. 그러

1미터 테두리 법칙

나 이런 직원이라면 고분고분해서 좋기는 하겠지만, 결코 주체적
이지는 않다.

'사장님, 그 사업계획은 비용이 너무 많이 들지 않습니까?' 라
든지 '리스크가 너무 크지 않을까요?' 등 이렇게 저렇게 사장님의
생각을 비판하는 직원이야말로 주체적이라고 할 수 있다.

왜 그럴까?

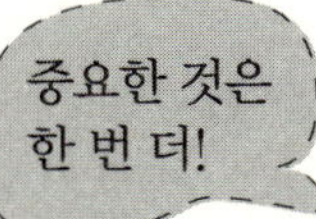

상대가 자신의 의견에 대해 비판하기 시작하면 그 대
화는 이미 반은 성공한 것이다.

비판을 통한
합의에 도달하라

무언가를 안다는 것은 무엇일까.

나는 대학원에 다닐 때 이 의문에 대해 곰곰이 생각해보았다.
그때 배운 것 중에 하나가 '아는 것이란 doch다' 라는 것이다.

doch란 독일어로 '도흐' 라고 발음한다. 이 말은 일본어로 '역
시' 라는 뜻이다(옮긴이).

사람이 뭔가를 제대로 알기 위해서는 이 'doch' 즉, '역시' 에
도달해야 한다는 뜻이다.

위에 나온 예처럼 사장님이 제기한 사업계획에 대해 '비용이 너무 많이 든다' '리스크가 너무 크다' 라고 직원이 비판했는데, 이는 직원이 사장이 제기한 사업계획에 대해 이해하고 납득하기 위해 없어서는 안 될 과정인 셈이다.

사장은 직원의 그러한 비판에 대해 '그 정도의 리스크나 비용이라면 부담할 수 있다' 라든지 '그런 위험부담을 안고서라도 도전하는 데 의의가 있다' 며 반론하고 설득을 시도한다. 그래도 직원은 '하지만 사장님……' 이라고 다시 반문할지도 모른다. 그런 대화가 여러 번 거듭되고 나서 최종적으로 직원은 하나의 결론에 도달하게 된다.

'이러니저러니 비판은 했지만 역시 사장님이 말한 대로다.'

이런 식으로 '역시' 가 등장한다.

철저하게 비판적으로 검토했지만, 그래도 부정하지 못한다, 역시 긍정할 수밖에 없다, 이렇게 '역시' 가 등장했을 때야말로 직원이 진심으로 '알았다' 며 수긍하는 순간이다.

'여러 가지 문제가 있지만 역시 사장님이 제기한 사업계획으로 해보자.'

직원도 이렇게 순순히 받아들이게 되어, 한번 해보자는 자세가 된다. 비판적인 협의를 거침으로써 그 직원에게는 그 사업계획이 이미 사장의 것이 아니라 자기 자신의 것이 된다. 그것을 하지 않는 것은 자신의 생각을 부정하는 일이다.

이렇게 도달한 적극성, 이것이 바로 주체성이다. 앞에서 주체

1미터 테두리 법칙

적인 것이란 곧 비판적인 것이라고 했는데, 이런 의미인 셈이다.

이렇게 비판은 사물을 정확히 이해하는 데 없어서는 안 되는 것이다. 그런데 이른바 기업의 인재육성을 보고 있으면 대부분은 이것의 중요성을 충분히 인식하고 있지 않은 것처럼 보인다.

부하직원이 조금이라도 비판적인 말을 하면 상사는 이렇게 반응한다.

"건방진 녀석."

"억지를 부리는 것도 정도가 있지."

"일도 제대로 못하는 주제에."

이런 식으로 모처럼 싹튼 비판정신을 잘라버린다. 이것은 사물을 이해하기 위해 거치는 과정을 단절시키는 것과 같다.

대화란 바로 비판과 반론을 되풀이하면서 아는 것을 공유해가는 것이다.

내 이야기에 귀를 기울이게 하고 싶으면 비판하게 하라. 이것도 중요한 '잘 듣게 하는 기술'이다.

대화란 비판과 반론을 되풀이하면서 아는 것을 공유해가는 것이다. 내 이야기에 귀를 기울이게 하고 싶으면 비판하게 하라.

놀라운
논리의 힘

이런 말이 있다.

'세계의 공통언어는 영어가 아니라 논리다.'

확실히 이치에 맞는 말은 아무도 부정하지 못한다. 자라온 환경이나 문화가 달라도 상대가 말하는 것이 이치에 닿으면 그가 하는 말에 납득할 것이고, 또한 납득할 수밖에 없다.

따라서 대화를 통해 자기가 하고 싶은 말을 상대에게 전하려는 경우 제일 먼저 해야 하는 일은 당연히, 설득적인 논리를 세우는 것이다. 그렇지 않고 그저 감정에 호소하면 대화가 원활하게 이루어지지 않는다.

생각해보면 논리가 가진 힘은 정말 놀랍다. 왜냐하면 논리는 체험을 넘어서는 힘을 갖고 있기 때문이다.

예를 들어, 로켓을 타고 우주에서 지구를 바라보면 누구나 지구가 둥글다는 것을 알 수 있다. 하지만 인류는 그것이 불가능했던 아주 오랜 옛날부터 '지구가 둥글다'라는 사실을 알았다. 이것이야말로 논리의 힘이다.

수평선의 맞은편에 배가 보인다. 제일 먼저 돛의 끝이 보이고, 다음에 돛대가 보이고, 마지막으로 선체를 확인할 수 있다. 만약

1미터 테두리 법칙

지구가 평평하다면 이런 식으로는 보이지 않을 것이다. 갑자기 전체가 보이고, 그것이 서서히 커져야 한다.

'이상해! 지면도 해면도 평평해 보이는데, 혹시 둥근 것 아닐까. 그렇게 생각하지 않으면 이 현상은 설명이 안 돼.'

이런 식으로 논리를 거듭하여 사실을 도출해낸다. 그 결과, 우주에 로켓을 띄우지 않아도 지구가 둥글다는 사실을 알 수 있다.

정말 놀랍지 않은가?

나아가 논리를 따라 도출되는 결론은 결코 가볍지 않다.

갈릴레오 갈릴레이는 지동설을 주장한 《천문대화》라는 책을 썼다가 이단자로 지목되어 재판을 받았다. 결과적으로 그는 지동설을 버리라는 선고를 받았는데, 그 후 '그래도 지구는 돈다' 라고 말했다고 한다.

이것은 조르다노 브루노라는 사제가 코페르니쿠스의 지동설을 지지하다 이단으로 몰려서 화형에 처해진 지 30년밖에 지나지 않은 시대의 일이었다.

화형을 당하고 싶어 하는 사람은 아무도 없으므로 침묵할 수밖에 없다. 하지만 그렇다고 해서 갈릴레오가 납득한 것은 아니다. 일단 논리에 의해 나온 결론은 어떤 탄압에서도 부정할 수 없다. '그래도 지구는 돈다' 라는 말은 그런 논리의 힘을 보여준다.

이처럼 놀라운 논리의 힘을 느낄 수 있다면 대화를 하고 싶다는 욕구도 생길 것이다.

대화를 통해 자기가 하고 싶은 말을 상대에게 전하려는 경우, 제일 먼저 해야 하는 일은 설득적인 논리를 세우는 것이다. 그렇지 않고 그저 감정에 호소하면 대화가 원활하게 이루어지지 않는다.

유용한 논리 1
: 합성의 오류

따라서 유용한 논리를 많이 알고 있는 것은 잘 듣게 하는 기술을 향상시키는 지름길이다.

우리네 경제학자들도 경제현상을 파악하거나 표현하는 데 다양한 논리를 구사한다.

그 중에는 '합성의 오류' 라는 것이 있는데, 이런 것은 꽤 일상적으로도 쓰인다.

합성의 오류라고 하면 왠지 어감상 어려울 것 같지만, 실상은 그렇지 않다. 이것은 개별 기업이나 사람에 따라서는 목적에 맞는 합리적인 행동일지라도 모두가 같은 행동을 하면 결과적으로 그 목적과는 반대의 결과가 나온다는 뜻이다.

예를 들어, 각각의 기업경영자가 회사의 이익을 늘리고 싶어서 종업원의 급료를 내린다고 가정해보자. 그렇게 하면 확실히 인건비가 내려가고 이익은 증가하므로 그것 자체는 합리적인 행동이다.

그런데 많은 기업이 똑같은 행동을 하면 어떻게 될까? 그 결과 국민의 소득이 감소하게 되므로 결국은 기업이 팔고자 하는 상품이 안 팔리게 된다. 그러면 기업의 매출이 감소하게 되므로 이익도 감소하게 된다.

각각의 기업이 이익을 늘리려고 합리적인 행동을 한 것이, 많은 기업이 같은 행동을 취함으로써 반대로 이익의 감소를 가져온 것이다. 이것이 '합성의 오류'이다.

이런 합성의 오류가 있기에 사회를 자연의 섭리에만 맡기지 못하는 것이다. 자칫 사회가 경제적으로 균형을 이루지 못하게 될 수도 있기 때문이다. 그럴 때, 정부의 재정지출정책이 필요하다. 이것을 강력하게 주장한 것이 유명한 경제학자 케인스였다.

"회사에 좋으라고 한 일입니다."

"고객도 기뻐해줄 것입니다."

종업원 하나하나가 그렇게 생각하고 행동해도 결과적으로 그것이 회사의 불이익을 가져오고, 나아가서는 고객에게도 불이익이 되는 경우가 적지 않다.

그럴 때 "자네들은 죄다 틀렸어!"라고 소리치며 경영자가 무턱대고 화를 내게 되면 그야말로 대화는 단절된다.

"자네들 심정은 이해하네. 하지만 세상에는 합성의 오류란 게

4. '대화는 스트레스'라고 생각하라

있어.

종업원 한 사람 한 사람은 선의로 행동했을지라도 모두가 똑같은 행동을 하면 각자의 의도와는 달리 완전히 반대의 결과가 나오게 되지. 그런 일이 꽤 많다네. 예를 들어……."

이런 식으로 현재 일어나는 사태의 문제점을 논리적으로 정리하고 알기 쉽게 이야기하다 보면 충분히 대화가 가능하다. 이것도 중요한 '잘 듣게 하는 기술'이다.

개별 기업이나 사람에 따라서는 목적에 맞는 합리적인 행동일지라도 모두가 같은 행동을 하면 결과적으로 그 목적과는 반대의 결과가 나온다.

유용한 논리 2
: 양질전화의 논리

사물의 변화나 발전과 같이 '움직임'이 있는 사태를 파악하거나 표현하는 데 편리한 것이 바로 변증법이다. 그 중에 '양질전화'란 것이 있는데, 이것도 꽤 유용한 논리이다.

예를 들어, 물을 가열하여 따뜻하게 데운다. 시간이 지나면서 온도가 상승하면 물은 뜨거워지지만, 여전히 액체임에는 변함이 없다. 그런데 그 온도가 100도를 넘어서면 물은 단숨에 수증기가 된다. 즉 액체에서 기체로 질적인 변화가 일어나는 것이다. 온도가 상승하면서 양의 변화가 질의 변화를 일으킨 것이다. 이것을 '양에서 질로의 전화' 라고 한다.

사물의 변화는 이런 식으로 진행된다.

예를 들어 영어공부가 그렇다. 영어단어를 하나 외운다고 그만큼 영어문장을 읽을 수 있게 된다든지, 회화가 들리지는 않는다. 하지만 한 단어, 또 한 단어 공부를 계속하다 보면 어느 날 갑자기 문장을 읽을 수 있다든지 회화가 들리는 질적인 변화가 생긴다. 양의 변화가 질의 변화를 일으키는 순간이 오는 것이다.

한번 그런 체험을 하면 영어공부가 재미있어진다. 하지만 그런 변화가 찾아올 때까지는 인내해야 한다. 언뜻 보기에 공부의 효과가 없는 것 같아도 양의 변화는 일어난다. 그것을 참고 계속하면 마침내 질의 변화가 찾아온다.

이런 변화의 법칙을 알고 있느냐 없느냐는 공부 의욕에 크게 영향을 미친다. 그것을 알고 있으면 참기 힘든 일도 참을 수 있기 때문이다.

양질전화.

이 논리는 공부의 성과가 좀처럼 나오지 않아서 고민하는 학생

4. '대화는 스트레스' 라고 생각하라

들에게 교사가 용기를 줄 때 유용하다. 물론 이것은 회사의 경영자가 종업원에게 혹은 상사가 부하직원에게 대응할 때도 유용하다.

"부장님, 이 신규 사업은 좀처럼 성과가 안 나오네요. 계획에 문제가 있나요?"

"지금은 양의 변화를 일으킬 때야. 결국에는 질적인 변화가 찾아올 거야. 사물의 변화란 그런 법이니까. 그러니 조금만 더 열심히 해보자."

이런 식의 대화도 오고갈 수 있다. 또는

"눈에 보인 질적인 변화는 아직 나타나지 않았지만, 양적인 변화는 서서히 일어나고 있을 거야. 잘 검증해봐!"

이런 건설적인 대화를 가능하게 해주는 것도 논리인 셈이다. 그러니 꼭 활용해보기 바란다.

언뜻 보기에 공부의 효과가 없는 것 같아도 양의 변화는 일어난다. 그것을 참고 계속하면 마침내 질의 변화가 찾아온다.

1미터 테두리 법칙

돌아가는
길의 논리

독일의 철학자 헤겔은 변증법으로 유명하다. 그런데 그것을 경제학에 응용한 것이 마르크스다.

마르크스라고 하면 공산주의나 사회주의를 떠올리고 까닭 없이 싫어하는 사람이 있는데, 그런 식으로 이데올로기에 얽매여서 사물을 판단하면 손해다.

실제로 마르크스가 쓴 《자본론》에는 유용한 논리가 많다. 이데올로기의 관념에서 벗어나서 이 책을 읽어보면 내가 말하고자 하는 바를 잘 알게 될 것이다.

예를 들어, '돌아가는 길의 논리' 란 것이 있다.

우리는 상품의 가치를 ○○엔이란 식으로 가격을 통해 표현한다. 그런데 마르크스는 이런 가치의 표현방법 중에 실제로 '돌아가는 길' 이 있다는 것을 꿰뚫어보았다.

상품은 '나에게는 이만큼의 가치가 있다' 는 식으로 직접적으로 표현할 수 없다. 표현한다 치더라도 그것은 사회적으로 타당하지 않다. 그럴 때 상품은 우선 돈(덧붙여 말하면 1엔이란 원래 금 750mg에 붙여진 명칭이었다)이란 하나의 상품에 특별한 지위를 준다.

'○○엔의 돈을 가져오면 교환에 응한다.'

모든 상품이 이런 식으로 자신의 가치를 표현하는 것이다. 그렇게 되면 결과적으로 돈은 어떤 상품과도 교환할 수 있게 된다. 이런 연유로 돈에는 특별한 지위가 주어진다. 한마디로 말하면 화폐로서의 지위다.

상품은 자신의 가치를 표현하기 위해서 우선 돈에 그런 특별한 지위를 준다. 그리고 거기에 '자신은 그런 돈 ○○엔에 해당한다'라고 자신의 가치를 표현하는 것이다.

'어떤 상품과도 교환할 수 있는 돈에 상당하므로 나도 사회에 통용되는 가치를 갖고 있다.'

이것이 상품의 가치표현이다.

'돌아가는 길의 논리' 가 무엇인지 이제 이해했는가?

어려워서 잘 모르겠다고 느낀 사람도 적지 않을 것이다.

하지만 실제로 우리는 이런 돌아가는 길의 논리를 일상생활 속에서 늘 체험하고 있다.

상품 가치의 표현방법 중에는 '돌아가는 길' 의 논리를 통해 화폐와 교환가치를 표현하는 방법이 있다.

1미터 테두리 법칙

'돌아가는 길'
논리의 활용

내가 어느 평론가의 강연을 들으러 갔을 때의 일이다.

그 평론가는 갑자기 이런 식으로 청중에게 질문을 했다.

"여러분, ○○란 작가를 알고 있나요?"

장내가 술렁거리자,

"아니, 모릅니까? 요즘 잘 나가는 작가예요."

평론가는 그 작가가 얼마나 대단한 사람인지를 거듭 강조하면서 입에 침이 마르도록 칭찬한다.

"그렇게 대단한 사람이 있었다니. 빨리 그 작가의 책을 사봐야겠다."

청중이 이런 식으로 느끼기 시작하니, 그 평론가는 이렇게 말한다.

"그런데, 그 작가가 얼마 전에 여러모로 가르쳐달라면서 저한테 찾아왔지 뭐예요."

어떤가? 이번 '돌아가는 길의 논리' 는 이해하기 쉽지 않은가?

제삼자를 치켜세우고 그것을 권위로 삼는다. 그런데 이번에는 그 권위 있는 사람이 자신에게 가르침을 달라며 고개를 숙이고 찾아왔다, 그러니 나야말로 대단한 사람이라는 뜻이다.

조금 거부감이 드는 예이긴 하지만, 이것도 '잘 듣게 하는 기술'이다. 왜냐하면 이 '돌아가는 길' 덕분에 청중은 '이 평론가는 꽤 권위 있는 사람이다' '이 사람이 하는 말이니까 잘 들어두자'라는 생각을 하게 되기 때문이다.

이런 예는 어디에서나 볼 수 있다.

예를 들어, 학자들의 세계에는 학회지란 것이 있다. 학회지란 학자들의 모임인 각종 학회가 발행하는 잡지다. 몇 명의 학자가 심사원이 되어 게재 의뢰가 있던 논문에 대해 그것을 게재해도 되는지 아닌지를 판정한다.

그것이 일반화되면 어느새 학회지에 게재되었는지 아닌지가 논문의 가치를 나타내게 된다.

본래 논문의 가치는 어디까지나 그 내용으로 평가되어야 한다. 그런데 모든 사람이 '이 논문은 ○○학회의 학회지에 게재되었으므로 가치가 있다'라는 식으로 생각하게 된다.

스스로 학회지라는 권위(특별한 지위)를 만들고 거기에 실렸다는 것으로 자신들의 논문의 가치를 표현하려고 한다.

이렇듯 상품도 학자도 평론가도, 다들 '돌아가는 길의 논리'로 살아간다. 그러고 보면 세상이란 참 재미있다.

> **중요한 것은 한 번 더!**
>
> 제삼자를 치켜세우고 그것을 권위로 삼는다. 그런데 이번에는 그 권위 있는 사람이 자신에게 가르침을 달라며 고개를 숙이고 찾아왔다. 그러니 나야말로 대단한 사람이라는 뜻이다.

1미터 테두리 법칙

일대일로
대화하라

이야기가 조금 옆길로 샜다.

이 장의 주제는 대화이다. 여기에서 마지막으로 강조하고 싶은 것이 있다.

여러분이 진심으로 상대가 내 이야기에 귀를 기울였으면 좋겠다고 생각한다면 비록 청중이 몇 명이더라도 여러분은 듣는 사람과 '일대일'로 대화해야 한다는 것이다.

최근에 대학에서는 수업 중에 학생들이 잡담을 하는 것이 문제시되고 있는데, 여기에는 학생들을 대하는 교수의 태도에도 문제가 있다고 본다.

예를 들어 학생들이 떠드는 바람에 항상 시끌벅적한 수업의 경우, 교사는 대체로 이런 식으로 학생들에게 주의를 준다.

"거기 학생, 조용히 해!"

당연히 '거기'는 학생의 이름이 아니다. 따라서 '거기, 시끄러워!' 라고 하면 교사가 대체 누구를 지목하여 주의를 주는 건지 알 수 없다.

문제는 말하는 사람이 듣는 사람을 한 덩어리로 보고 있다는 점이다. 그것이 학생과의 거리를 만든다.

'거기' 라는 말로 한 덩어리가 된 학생들 중에는 강의를 성실하게 듣던 학생도 분명히 있다. 그런 학생도 떠드는 학생을 곱게 보지 않을 것이다. 그런데 그런 학생까지도 같은 무리로 몰아서 '거기, 조용히 해'라고 주의를 준다. 이러면 성실한 학생도 적으로 만들어서, 강의를 제대로 듣고자 하는 학생의 수는 점점 줄게 될 것이다.

그럴 때 나는 "가운데 통로에서 세 번째 줄 오른쪽에서 두 번째, 노란 옷 입은 자네, 그리고 그 옆자리. 그만 떠들게." 이런 식으로 주의를 준다.

"시끄럽게 떠든 사람이 자네였군. 자네, 수업 좀 잘 듣게."

이처럼 비록 주의를 줄 때라도 말하는 사람과 듣는 사람이 항상 일대일 관계임을 잊어서는 안 된다.

나는 보통 400~500명을 상대로 강의를 하는데, 많은 학생을 상대로 하면서도 이 자세를 바꾸지 않는다. 그래서 그런지 강의 중에 잡담을 하는 학생은 없다.

'교수님은 나를 보고 이야기를 한다.'

학생 한 사람 한 사람이 그런 생각을 갖고 있다면 잡담을 하려 해도 할 수가 없다.

주의를 줄 때라도 말하는 사람과 듣는 사람이 항상 일 대일 관계임을 잊어서는 안 된다.

1미터 테두리 법칙

일대일 관계를
만든다

"어이, 일어나!"

강의 도중에 자는 학생을 발견하면 나는 이런 식으로 깨운다.

'자고 있는 것뿐이라면 다른 사람에게 폐를 끼치는 것도 아닌데, 내버려둬도 되지 않나.'

이렇게 말하는 교수도 있다.

하지만 그것은 나에게 있을 수 없는 일이다. 듣는 사람과 말하는 사람과는 항상 일대일이어야 한다고 생각하기 때문이다. 일대일로 한창 대화를 나누던 도중에 상대가 졸기 시작하면 누구나 깨울 것이다. 상대가 졸고 있는데, 그대로 놔두고 혼자 떠드는 사람은 없으니까.

자는 학생이 있는데도 교수가 본체만체하고 이야기를 계속하는 것은 졸고 있는 상대를 두고 혼자 떠드는 것과 다름없다. 나는 그렇게 생각한다.

참고로 내가 깨우면 잠에서 깬 학생은 아직 잠이 덜 깼는지 불쾌한 얼굴로 나를 본다. 그런 표정을 보면 내 쪽이 오히려 불쾌해진다.

"재미있는 이야기를 놓치지 말라고 깨웠더니 왜 그런 표정을 짓나? 고맙다고 인사를 해도 모자랄 판에. 어이가 없군, 자네!"

학생은 '재수 없는 교수다'라고 생각할지도 모르지만, 나는 해

4. '대화는 스트레스'라고 생각하라

야 할 말을 했다고 생각한다. 여러분은 어떻게 생각하는가?

물론 떠드는 사람에게 주의를 주거나, 자는 학생을 깨울 때만 듣는 사람과 말하는 사람의 일대일 관계가 부각되는 것은 아니다.

가령, 강의 도중에 갑자기 "자, 여기까지 이해하겠나?"라고 학생들에게 묻는다.

수강생은 500명이 넘는다. 학생 개개인은 500명 중 하나에 불과하다. 따라서 누구나 교수가 자신에게 질문을 할 것이라고는 생각하지 않는다. 그래서 아무도 대답하지 않는다.

그래도 끈질기게, "자, 알겠나? 어려운가? 어때, 대답해보게"라고 다시 말한다.

그렇게 하면 눈치 빠른 학생들부터 차츰 '예' 라고 고개를 끄덕이기 시작한다.

'예' 라고 고개를 위아래로 흔들 때, 그 학생들의 의식은 이미 '500분의 1' 이 아니다.

교수님이 나한테 묻고 있다고 느끼고 있기 때문에 고개를 끄덕여주는 것이다. 그 순간, 나와 학생들 사이에는 일대일 관계가 형성된다.

"좋아, 다 이해한 것 같군. 그럼, 다음으로 넘어가볼까."

이런 식으로 나는 강의를 진행한다.

또 나는 강의가 한창일 때 자주 퀴즈를 낸다.

"답은 A일까, B일까. 어느 쪽일까?"

1미터 테두리 법칙

여기에서도 약간 발상의 전환이 필요하다. 왜냐하면 보통은 많은 교사가 이런 식으로 묻는다.

"A라고 생각하는 사람, 손 들어. 다음은 B라고 생각하는 사람, 손들어."

이렇게 물으면 3분의 1 정도의 학생은 두 번 모두 손을 들지 않는다. 이러면 학생들에게 '내가 손을 들지 않아도 수업은 진행된다' 라는 것을 새삼 확인시킬 뿐이다. 도리어 역효과만 난다.

그럴 때, 나는 "A라고 생각하는 사람은 오른손, B라고 생각하는 사람은 왼손을 들어. 두 손 다 들지 않는 사람은 당장 교실에서 나갈 것"과 같이 이야기해서, 수강하는 학생이 아무리 많아도 항상 학생 전원이 참가하는 것을 목표로 한다.

"나는 자네에게 물었네."

말하는 사람의 이런 자세가 듣는 사람과의 사이에 일대일 관계를 만든다. 그리고 또 이런 관계를 만드는 것이야말로 말하기와 듣게 하기의 결정적인 차이라고 생각한다.

말하는 사람의 성실한 자세가 듣는 사람과의 사이에
일대일 관계를 만든다.

일대일 관계를
맺고 있는가?

2장에서도 설명했듯이 나는 현재 도쿄, 나고야, 사이타마, 후지야마에서 경영자들과 정기적으로 모임을 갖고 있다.

어느 날 그 모임에서 일대일 관계를 맺는 것의 중요성에 대해 설명했는데, 그것이 예상 외로 반향을 일으켰다.

'우리는 종업원 한 사람 한 사람을 대등하게 상대하고 있는가?'

'나도 모르는 사이에 직원이란 한 덩어리로 보고 있던 것은 아닐까.'

내 이야기를 계기로 하여 경영자들 사이에 이런 반성이 일어났기 때문이다. 특히 나고야의 모임에서는 그 반성에 근거하여 한 가지 시도를 하기로 합의했다.

그것은 공부 모임의 멤버인 경영자들이 ① 각자의 회사에서 종업원 한 사람 한 사람과 일대일로 대화를 나누는 기회를 가질 것, 그리고 ② 그 결과를 다음 연구회에서 보고할 것이었다.

거기서 경영자들은 직원들 각자에게 개별적으로 이런 질문을 던져보기로 했다.

"왜 우리 회사에서 일하는가?"

직원들은 자신이 회사에 어떤 존재인가에 대해 평소 사장의 입

1미터 테두리 법칙

을 통해 종종 듣는다. 하지만 사장에게 '회사가 자신에게 어떤 존재인가' 라는 질문을 받은 경험은 거의 없을 것이다.

갑작스런 질문에 당황한 사람도 많았으리라. 어쨌든 이 시도는 적어도 경영자에게는 좋은 공부가 된 것 같다.

보고회에서는 이 시도를 통해 얻은 다양한 발견이 보고되었다. 그 중에서도 나의 관심을 끈 것은 어느 경영자와 파트타임으로 일하는 아주머니의 대화였다. 그 경영자는 파트타임 아주머니에게도 같은 질문을 했다. 그 아주머니가 어떤 대답을 했을까.

여러분은 어떤 대답을 예상했는가?

"남편의 급료만으로는 살 수가 없어서요."

"애들 교육비에 보태려고."

"애들도 웬만큼 자라서 할 일도 없는데다 시간을 그냥 보내기가 아까워서요."

대충 이런 식 아닐까.

그 경영자도 비슷하게 생각했다. 그런데 돌아온 대답은 전혀 달랐다.

"회사에 있을 때는 다들 저를 제 이름으로 불러주거든요."

이 대답이 무엇을 의미하는지 이해했는가?

거기서 이 파트타임 아주머니는 이런 말을 덧붙였다고 한다.

"왜냐하면 애들 학교에 가면 'ㅇㅇ의 어머니' 라고 부르고, 남편의 회사 동료들은 'ㅇㅇ 씨의 부인' 이라고 부르거든요. 제 이름을 불러주는 것은 회사 사람들밖에 없어요."

어머니로서, 주부로서가 아니라 한 사람의 독립된 사회인으로서 자신의 존재를 인정해준다, 그래서 이 회사에서 일하는 거라는 예상외의 대답에 그 경영자는 깜짝 놀랐다고 말한다. 그리고 자신이 지금까지 파트타임 아주머니에 대해 세간에 퍼진 고정된 인식만 갖고 대했음을 크게 반성했다고 한다.

일대일 관계를 맺는다.

이것은 영세한 소규모 중소기업의 경영자든 몇 명의 부하직원을 거느린 직장 상사든 결코 쉬운 일이 아니다. 하지만 그 어려움을 인식하는 일에서부터 진정한 커뮤니케이션이 시작되는 것이다.

(주) A는 B다, 라고 말해놓고 다시 A는 B가 아닐지도 모른다, 라고 생각해본다. 그런 후에 다시 '아니, 역시 A는 B다' 라고 결론을 낸다면 언뜻 생각하기에 도중에 괜히 부정한 것처럼 보이지만, 결코 그렇지는 않다. 처음의 'A는 B다' 와 두 번째 'A는 B다' 는 결론적으로는 같지만 상황이 전혀 다르다. 이런 관계(라기보다 오히려 운동·발전)를 지칭하여 철학에서는 변증론적 운동(dialektische Bewegung)이라고 하는데, 이것을 한마디로 표현하면 doch, 즉 '역시' 라고 한

1미터 테두리 법칙

다. 이렇게 간단한 말로 표현할 수 있다니 참으로 흥미롭지 않은가?

세키구치 쓰기오, 《독일어강화 제1집(ドイツ語講話 第一集)》 제5판,

산슈사, 1975년 6월, 205페이지

일대일 관계를 맺는 것은 결코 쉬운 일이 아니다. 하
지만 그 어려움을 인식하는 일에서부터 진정한 커뮤
니케이션이 시작된다.

5

'잘 듣게 하는 나'를 만들라

분단의 시대

'현대인의 고민을 알고 보면, 그 대부분이 얄팍한 인간관계에 원인
이 있다. 현대사회의 환경이 사람과 사람 사이의 커뮤니케이션을
점점 어렵게 만들기 때문이다.'

이것은 이 책 머리말의 말미에 쓴 문장이다.

이 책을 고른 여러분도 어떤 의미에서는 평소에 커뮤니케이션
의 어려움을 실감하고 있지 않나 추측해본다.

확실히 우리는 '서로 안다' 는 것이 쉽지 않은 시대, 한마디로
말하면 분단(分斷)의 시대를 살아가고 있는지도 모른다.

이 장에서는 '잘 듣게 하는 기술' 을 매듭 짓는 의미에서 이 분
단의 시대에 대해 잠시 생각해보기로 하겠다.

아베 신조(일본의 제90대 총리로 2006년 9월 26일~2007년 9월 26일 재임-옮긴이) 내각이 집권했을 때, 이른바 '명령방송' 이란 것이 문제가 되었다.

정부가 NHK에 '국제방송에서 북한에 의한 납치 문제를 중점적으로 보도하도록' 명령한다는 것이다.

납치 문제는 분명 일본인이 결코 잊어서는 안 될 중대한 사안이다. 해결을 위해 부단한 노력을 하지 않으면 안 된다. 하지만 그렇다고 NHK가 정부의 '명령' 에 의해 정부의 의향에 따라 방송을 내보내는 것이 규정화되면 '다이혼에이 발표(태평양 전쟁 당시 일본의 다이혼에이에서 육군부와 해군부에서 하던 전시상황 등에 대한 공식적 발표를 말한다. 당초에는 전황 그대로를 발표했으나, 미드웨이 해전 무렵부터 일본 측의 피해상황을 축소 발표하기 시작하면서 서서히 본질과는 거리가 먼 발표가 되고 말았다. 현재는 일본에서 '내용을 전혀 신용할 수 없는 가식적인 공식발표' 의 대명사가 되고 있다-옮긴이)' 를 하던 시대로 역행할 수밖에 없다.

'언론의 자유' '표현의 자유' 는 민주주의의 기본이다. 이것을 침해당하면 민주주의는 바로 서지 못하고 무너져버리게 된다. 그렇게 되지 않도록 미디어의 자립을 보장해야 한다.

당연한 말이지만, '명령방송' 에 대해서는 미디어관계자를 중심으로 비판이 속출했다. 나도 물론 텔레비전 방송 등을 통해 비판했다. 그런데 그것을 학생들에게 말했을 때의 일이다.

"엇, 다이혼에이가 뭐예요?"

이것이 그들의 입에서 나온 최초의 반응이었다.

"자네들, 다이혼에이가 뭔지 몰라?"

"다이혼에이가 일본어인가요?"

벌어진 입이 다물어지지 않는다는 것은 바로 이런 때를 말하는 것일 게다.

누구나 평소에 커뮤니케이션의 어려움을 실감하고 있다. 현대사회의 환경이 사람과 사람 사이의 커뮤니케이션을 점점 어렵게 만들고 있기 때문이다.

모두들 다른 상식 속에서
살고 있다

나는 그 후, 많은 학생들에게 다이혼에이 발표를 알고 있는지 물어보고 다녔다. 그 결과, 현재는 압도적으로 대다수의 학생이 이것을 모른다는 사실을 알게 되었다.

'다이혼에이 발표가 될 수밖에 없다.'

이런 표현으로 젊은이들에게 모든 것이 전달되었다고 굳게 믿었던 자신이 너무나 인식 부족이었다는 것을 크게 반성했다.

'군대를 통솔하던 기관을 다이혼에이라고 한다. 전전에는 다이혼에이가 발표한 정보를 국영방송이 그대로 국민에게 방송했다. 이것이 다이혼에이다.

군대를 지배하고 그것을 통솔하는 기관이 발표하는 정보이므로 당연히 군에 유리한 내용 위주로 사실과 다른 정보가 발표되었다. 이러한 정보조작에 의해 일본 국민은 전쟁이란 진흙탕에 빠져서 결과적으로 수많은 인명을 잃었다.

그 반성의 의미로 전후에는 정부에서 NHK를 자립시켰다. 세금이 아니라 국민이 자주적으로 지불하는 수신료로 운영하게 된 것이다. 그런데 정부가 NHK에 어떤 방송을 명령하여 방송을 내보내게 된다면, 전과 같은 길을 다시 걷게 될 수밖에 없다.'

적어도 이 정도로 자세하게 설명하지 않으면, 요새 젊은이들은 제대로 알아듣지 못한다. 세대를 초월하여 지식을 공유하는 일이 점점 줄어들고 있는 것이다.

우리에게는 상식적인 일도 젊은이들에게는 그렇지 않다. 물론 젊은이들에게 상식적인 일이 우리에게는 그렇지 않다. 그런 현상이 예상보다 빨리 진행되고 있다. 나아가 같은 세대의 젊은이들조차 자라온 환경이나 친구들에 따라 저마다 상식이 다르다.

모두들 다른 상식 속에서 살아가고 있다. 현대는 말 그대로 분단의 시대인 셈이다.

1미터 테두리 법칙

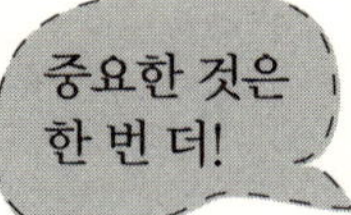

세대를 초월하여 지식을 공유하는 일이 점점 줄어들고, 모두들 다른 상식 속에서 살아가고 있다.

가치관이나 감성의 공유도
쉽지 않다

같은 아베 내각 시대에 나카가와 쇼이치 당시 자민당 정조회장이 마이니치신문과의 인터뷰에서 이런 말을 했다.

"집회의 자유는 헌법상의 권리지만, 데모로 소동을 일으키는 교원은 아동·학생의 존경을 받을 자격이 없다. 자격을 박탈해야 한다."

이는 교육기본법을 개정하여 교원자격을 갱신제로 하자는 법 개정과 관련한 발언이다.

나는 이 발언을 듣고 적지 않게 걱정이 되었다. 아마 나와 비슷한 세대는 거의 그렇게 느끼지 않았을까.

일본에서도 수년 전에 미군의 이라크 진출과 자위대의 이라크 파병에 반대하는 시위와 행진이 일어났다. SMAP(일본의 아이돌 그룹—옮긴이)의 〈세계에서 하나뿐인 꽃〉이라는 노래를 부르면서 시위대가 행진하는 모습을 나도 봤다. 그런데 시위에 참가한 교원의 자격을 박탈한다면, 정부의 방침에 반대하는 교육자는 하나도 남아

나지 않을 것이다.

그것이야말로 교원들이 정부의 방침에 따라서 학생들에게 '나라를 위해 목숨을 버려라' 라고 가르치던 시대로 역행하는 것이 아니고 뭔가.

정부의 방침에 찬성인지 반대인지가 문제가 아니다. 문제는 각각의 의견을 표현하는 자유가 확보되느냐 아니냐는 데 있다. 그 자유를 제한하는 일을 여당의 지도적 입장에 있는 정치가가 당당히 주장한다. 어려운 논리를 빼고라도 나는 이것을 민주주의의 위기라고 느꼈다.

하지만 요새 젊은이들은 다르다.

애당초 그런 것에 관심이 없을 뿐만 아니라, 그것을 알아도 '그러든지 말든지 나랑 상관없어' 라고 생각하는 듯하다. 게다가 지식뿐만 아니라 가치관이나 감성도 공유하지 않는다.

이렇게 느끼는 것은 나만이 아닐 것이다. 대부분의 사람들이 이런 감각을 갖고 있는 지금이야말로 '잘 듣게 하는 기술' 이 필요한 것이다.

지식뿐만 아니라 가치관이나 감성의 공유도 중요하다.

어떻게 하면
'잘 듣게 하는 나'가 될까

분단의 시대라고 다른 사람과 소통하기를 포기하고, 다른 사람을 열심히 설득한다거나 다른 의견과 충돌하는 것을 피하면 결국 사물을 바르게 생각하지 못하게 된다.

머릿속에 생각이 많아도 그것을 전달하지 못하면 자기만의 생각을 가진 것 자체가 스트레스가 되기 때문이다.

그러면 잘 듣게 하는 기술도 배울 필요가 없다. 왜냐하면 애당초 들려줄 이야기가 없으니 남들이 듣든 말든 상관없는 것이다.

사실, 말하는 데 서툰 사람 중에는 무슨 말을 해야 할지 잘 모르겠다는 사람이 적지 않다. 하지만 분단의 시대를 극복하기 위해서는 자기 머리로 생각하고 그것을 조리 있게 주장하는 사람들이 많아져야 한다.

그러면 그런 '주장하는(잘 듣게 하는) 나' 를 만들기 위해서는 대체 어떻게 해야 할까.

여기서 에피소드 하나를 소개하겠다. 3년쯤 전에 릿교대학에서 학생을 상대로 어느 패널 디스커션의 사회를 맡았을 때의 일이다.

당시 나는 릿교대학의 캐리어센터, 다시 말해 '취업부서' 로부터 매스컴 계통에 취업을 희망하는 학생들을 위해 심포지엄을 열지 않겠느냐는 의뢰를 받았다. 그런데 그곳에서는 나에게 패널 디스커션의 사회를 맡기고 싶다는 것만이 아니었다. 출연하는 패널들까지 내가 모으기를 원했다. 더구나 패널들에게 출연료는 지불하지도 못한단다.

의뢰치고는 좀 뻔뻔하다는 생각이 들었지만, 결국 아는 방송관계자에게 자원봉사로 부탁한다고 머리를 조아리고 돌아다닌 끝에 여름방학 전과 후에 두 번 패널 디스커션을 개최하는 데 성공했다.

여름방학 전에는 NHK 프로듀서, 문화방송 프로듀서, TV도쿄 아나운서 같은 TV와 라디오 관계자를, 여름방학 후에는 아사히신문 기자, 일간현대 부장, 중앙공론신사 편집자 같은 활자매체의 관계자를 패널로 참가시켰다. 각각 많은 학생이 들으러 와주었고, 결과도 꽤 좋았던 모양이다.

그 패널 디스커션을 할 때, 《일간현대》의 후타쓰키 히로타카 부장(당시)이 "학생 여러분에게 제안이 있습니다"라며 다음과 같은 이야기를 해주었다.

중요한 것은 한 번 더!

다른 사람과 소통하기를 포기하고, 다른 사람을 열심히 설득한다거나 다른 의견과 충돌하는 것을 피하면 결국 사물을 바르게 생각하지 못하게 된다.

1미터 테두리 법칙

빨간 색연필과
파란 색연필

"저널리스트를 지향한다면 적어도 신문의 사설 정도는 읽으세요. 단, 사설을 읽을 때는 반드시 빨간 색연필과 파란 색연필, 두 가지 색연필을 준비하고 읽으세요. 읽으면서 납득이 가는 곳에는 빨간 색연필로 선을 긋고, 납득이 가지 않는다거나 이 의견은 이상하다고 생각한다면 파란 색연필로 선을 긋습니다. 이렇게 사설을 읽으세요."

그리고 후카쓰키 씨는 이렇게 덧붙였다.

"처음에는 아마 온통 빨간 선만 보일 겁니다. 하지만 사설을 계속 읽다 보면 점점 파란 선이 늘어갈 거예요. 파란 선이 늘어남에 따라 차츰 자신의 의견이 생기게 됩니다. 그리고 결국에는 '자신의 사설'을 쓸 수 있게 될 겁니다."

나는 이 이야기를 듣고 많은 학생들이 이를 실천했으면 좋겠다고 생각했다.

사실, 신문의 사설이라고 하면 제대로 검토도 하지 않고 아마도 옳은 말이 씌어 있을 거라고 생각하게 된다. 하지만 실제로는 꼭 그렇지도 않다.

나도 이 이야기를 듣고 곧바로 두 개의 색연필을 들고 사설을 읽어보았다.

당시는 고이즈미 이치로 내각의 말기. 정부계 금융기관의 민영
화가 거론될 무렵이었다.

정부계 금융기관이란 정부가 설립한 은행이다. 그 정부계 금융
기관을 민영화하면 정부의 부담이 없어지고 재정지출도 줄어들 것
이 분명하다.

대다수의 사람들은 그렇게 생각했고, '작은 정부'를 밀던 신문
사 대부분이 사설에서 그런 주장을 폈다. 그런데 이것이 사실일
까?

나는 우선 파란 색연필로 선을 그은 후, 곧바로 조사에 착수했다.

예를 들어, 정부계 금융기관 중에 상공조합중앙금고와 일본정
책투자은행의 민영화가 결정되었다. 한편, 이를 통해 정부는 대체
얼마만큼의 재정지출을 줄일 수 있을까.

조사해보고 알게 된 실상은, 줄일 수 있는 지출이 제로라는 것
이었다.

왜냐하면 원래 이 두 금융기관은 정부에서 재정지원을 받지 않
아도 지급금을 1엔도 받지 않기 때문이다. 따라서 이 두 곳을 민영
화해봤자 재정지출은 1엔도 줄지 않는다.

그런데도 신문은 빠짐없이 정부계 금융기관의 민영화에 대찬
성했고, 그 영향으로 고이즈미 정권의 지지율도 상승했다.

'이것이 고이즈미 매직이란 말인가.'

'그나저나 신문의 논설위원도 그렇고, 다들 유행에는 민감하지

1미터 테두리 법칙

만 사안을 올바로 바라보거나 바르게 생각하지 못하게 되었다.'

나는 당시에 이것을 절실하게 느꼈다.

이 이야기가 나중에 릿교대학 경제학부의 수험생을 위한 홈페이지에 에세이로 실리게 되었을 때, 나는 그 끝부분에 이렇게 적었다.

빨간 색연필과 파란 색연필을 구분하여 쓰는 사람들을 조금이라도 늘리는 일. 이것이 대학교육의 참된 역할이라고 생각합니다. 수험생 여러분, 릿교대학에 두 개의 연필을 받으러 오십시오!

신문의 사설을 읽어라. 사설을 읽을 때는 반드시 두 가지 색연필을 준비하고 비판적으로 따져보며 읽어라.

뺄셈이
개성을 만든다

자신의 머리로 생각한다는 것은 어떻게 보면 작은 저항이다. 유행하는 논조를 그대로 받아들이지 않고 다소나마 저항을 시도하고, '잠깐만' 하고 의심해보는 것에서 '주장하는 나' 가 싹트기 시작한다.

언뜻 모순으로 들리겠지만, 분단의 시대는 지방에서는 모두가 같은 방향으로 일제히 움직이는 부화뇌동의 시대이기도 하다.

모두가 자신의 좁은 관심사 속에 틀어박혀서 그 이외의 일에 관해서는 진지하게 생각해보려고 하지 않는다. 다른 의견과 충돌하거나 논의를 통해 사실을 확인하지도 않는다.

그렇기 때문에 대부분의 사람들이 자신의 판단을 순간순간의 유행에 맡겨서 결과적으로 모두가 같은 말을 하고, 일제히 같은 방향으로 움직이게 된다. 최근의 국정선거를 통해 유권자의 투표행동에서 볼 수 있는 큰 투표 차도 그것의 반영이라는 생각이 든다. 물론 매스컴(특히 텔레비전)의 영향이나 소선거구제라는 선거 제도에 의한 요인도 무시할 수는 없지만 말이다.

자, 어쨌든 이런 시대이므로 나는 학생들에게 자기 자신을 잃지 말라는 의미로 '뺄셈이 개성을 만든다' 라고 강조한다.

'누구나 하니까 나도 한다' 가 아니라 '누구나 하는 것 중에 하나든 둘이든 나는 절대 하지 않는다' 라는 것에서 개성이 자라난다는 것이다.

나는 학창시절, 재학 중에는 절대로 하지 않겠다고 정한 일이 두 가지 있었다. 그것과 관련하여 전에 세미나에 참여하는 학생과 인터뷰를 한 적이 있다.

다음 인터뷰 내용은 야마구치 세미나 홈페이지에서 그대로 인

1미터 테두리 법칙

용한 것이다.

'누구나 하니까 나도 한다'가 아니라 '누구나 하는 것
중에 하나든 둘이든 나는 절대 하지 않는다'라는 것
에서 개성이 자라난다.

'이것만은 절대 하지 않겠다'고
결심했다

학생 학창시절에 절대로 안 한다고 정한 것은 무엇입니까?

나 하나는 아르바이트고, 또 하나는 마약이야. 이 두 가지는 쓸데
없이 시간을 잡아먹으니까.

요즘 학생은 시간을 죽이는 경우가 많은데, 너무 아까운 것 같아.
시간이란 무엇과도 바꿀 수 없는 귀중한 거야. 그래서 나는 시간을
무의미하게 흘려보내는 짓은 하지 말자고 결심했지.

그나저나 지금은 아르바이트를 하는 학생이 참 많아. 생활을 위해
서라면 어쩔 수 없지만 한가하다고 일을 하는 학생도 제법 많은
것 같아. 이해할 수 없는 건, 학생이면서 왜 그렇게 무턱대고 일을
하지?

다들 졸업하면 정년까지 쉬지 않고 일해야 돼. 그러니 지금은 가능

하면 일하지 말자고 생각하면 안 될까. 자유로운 학창시절을 만끽하지 못하고 일을 해야 한다니 너무 아깝잖아.

학생 듣고 보니 그렇군요. 아르바이트는 시간을 잡아먹고, 그 대가로 얻는 건 적다는 생각이셨나요.

나 뭐, 아르바이트로 사회적인 견식이 넓어질 수도 있겠지. 어쨌든 나는 아르바이트랑 마약은 절대 안 한다고 결심했어. 아르바이트를 할 바에야, 차라리 먹는 걸 줄여서 돈을 아끼자고 생각했지. 돈은 부족해도 자유롭게 쓸 수 있는 시간만은 넘칠 정도로 많은 것이 바람직한 학창생활이라고 생각했거든.

아르바이트도 하지 않고, 마약도 하지 않고, 수업에도 나가지 않고, 그런 상태로 있다 보니 나중에는 할 게 없더군. 그래서 '어쩔 수 없다, 오랜만에 학교라도 가볼까' 라는 생각에 학교에 가보았지. 그랬더니 학교에 관련된 모든 것이 빛나 보였어. 그때 우연히 받았던 강의가 좋았는지, 경제학이 재미있게 느껴지더라고.

그래서 좋아, 나도 열심히 공부해보자, 그렇게 된 거야. 그때의 결의가 지금 생활의 원점이 되었지. 아르바이트 따위로 적당히 시간을 보냈다면 오늘의 나는 없었을 거야.

다른 사람과는 다르게, 절대로 하지 않겠다고 정한 것이 있는가?

1미터 테두리 법칙

뺄셈의 효용

이런 시선으로 사회를 바라보면 뺄셈의 효용은 여러 곳에서 확인할 수 있다.

〈통판생활〉이란 잡지가 있다. 통신판매 잡지로는 백만 부가 넘는 발행부수를 자랑하는 유명한 잡지다.

이 잡지를 발행하는 곳은 (주)카탈로그하우스다. 그 카탈로그하우스에는 카리스마가 넘치는 상품개발 프로듀서가 있다.

이름은 요시가와 미키 씨. 신상품 개발로 2001년부터 6년 연속 매출 1위의 실적을 올렸다. 나는 릿교대학의 한 강의에서 게스트강사로 초빙되었을 때 직접 이야기를 나눈 적이 있다.

이분도 어느 날 자신의 인생에서 중대한 뺄셈을 결심했다. 바로 잔업은 일절 하지 않기로 한 것. 무슨 일이 있어도 5시 30분에는 회사를 나와서 집에 간다고 한다.

그녀도 입사하고 3년 정도는 보통의 샐러리맨과 마찬가지로 야근도 불사하며 열심히 일하는 생활을 했다고 한다. 그런데 그런 생활을 바꾸게 된 계기는 출산과 육아였다. 아이가 생기고 나서는 정시인 5시 30분까지 일을 마치고 얼른 퇴근한다고 한다.

밤늦게까지 일할 때와 비교하면 노동시간은 절반밖에 안 된다. 단순히 생각하면 일의 성과도 반으로 줄 것 같은데, 결과는 정반대였다.

일에만 전력질주하고 늦게까지 회사에 있던 때보다, 잔업 없이 퇴근하고 그 후에는 주부로 육아에 쫓기면서 생활하는 지금이 훨씬 실적이 좋은 것이다.

'이유가 뭘까?'

요시카와 씨도 이상해서 곰곰이 생각해보았다고 한다.

그리고 얻은 결론은, 간단히 말하면 잔업을 하지 않음으로써 주부로서 생활하는 시간과 공간이 늘어났기 때문이었다. 주부생활을 하면서 느낀 불만이나 고민이 히트상품을 만들어낸 원동력이 된 것이다. 그리고 그것이 신상품의 개발이 되어 결실을 맺은 것이다.

자신의 인생에서 중대한 뺄셈을 결심해보라. 여러 곳에서 뺄셈의 효용을 확인할 수 있다.

다른 사람과는
다른 것을 손에 넣는다

요시카와 씨는 자신의 저서에 이렇게 썼다.

신상품 개발이란 생활인이 사용하는 도구를 개발하는 일이다. 따라서 그 사람과 같은 입장에 서지 않으면 무엇이 힘든지, 무엇이 필요

1미터 테두리 법칙

한지 구체적인 이미지를 떠올리지 못한다. (중략) 내 경우, 우연히 아이가 생기고 직접 살림을 하게 되면서 뒤늦게 여러 가지 일들을 경험하게 되었다. 그러자 내가 보고, 겪고, 느낀 일들이 기억 속에 자연스럽게 침전되었다.

그리고 이것은 상품의 판매 전략을 세울 때 빛을 발했다. 마치 하늘의 계시처럼 좋은 아이디가 연이어 생각난 것이다.

이게 다 주부로서의 경험 덕택이다. 아이디어는 거기에서 나왔다.

요시카와 미키, 《반경 1미터의 '잘 팔리는!' 발상술》

산마크 출판, 2006년 12월, 24페이지

요시카와 씨는 '좋은 아이디어가 떠오르지 않는다' '히트상품을 만들고 싶다' 며 고민하는 사람에게 정시에 퇴근해보라고 제안한다. 다시 말해 뺄셈을 추천하는 것이다.

그리고 이렇게 말을 이었다.

나도 5시 30분에 퇴근하면 하다 남은 일이 신경이 쓰이고, 사람들이 회사에 남아 있을 때는 나만 집에 간다는 생각에 마음의 부담도 느낀다. 전혀 저항이 없다고 하면 거짓말일 것이다.

그래도 퇴근한다!

어차피 회사에 있어봤자 업무에 도움이 되지 않기 때문이다. 그래서 일단, 정시에 퇴근한다는 분위기를 팍팍 풍기면서 회사를 나온다.

나는 이런 5시 30분부터의 생활이 있었기에 지금의 내가 있다고 생
각한다. 처음에는 어쩔 수 없이 5시 30분에 퇴근해야 했지만, 그런
상황을 유리하게 돌림으로써 다른 사람과는 다른 발상법을 손에 넣
을 수 있었다.

요시카와 미키, 《반경 1미터의 '잘 팔리는!' 발상술》

산마크 출판, 2006년 12월, 24~25페이지

여러분도 다른 사람과는 다른 뭔가를 손에 넣고 싶으면 '뺄셈'
이 필수임을 명심하라.

'좋은 아이디어가 떠오르지 않는다' '히트상품을 만
들고 싶다'며 고민하는 사람은 정시에 퇴근해보자.

영업이란
무엇인가?

자, 분단의 시대 이야기로 돌아가보자.

우리는 서로 공감하는 것이 어려운 시대를 살고 있다고 말했
다. 하지만 그런 시대야말로 서로 교류하거나 소통할 때의 기쁨은
한층 크다.

1미터 테두리 법칙

내가 소속된 경제학부의 학생은 졸업 후에 대부분 샐러리맨이
되어 영업활동에 종사한다. 그 학생들에게 '영업이란 무엇입니
까?' 라는 질문을 받은 적이 있다. 그때 나는 영업이란 커뮤니케이
션을 통해 새로운 인간관계를 구축해가는 것이라고 대답했다.

시간이 걸려도 고객과의 사이에 공유하고 공감할 수 있는 부분을
조금씩 늘려간다. 그것이 신뢰관계를 만들어서 마침내 거래가 이루
어진다. 영업사원들은 '서로 공감할 수 있는' 관계를 만들기 위해 매
일 노력을 거듭한다. 실제로 졸업생들의 일상을 봐도 그런 것 같다.

전에 어느 TV 프로그램에서 (주)메리초콜릿컴퍼니의 사장인
하라 구니오 씨가 이런 이야기를 했다.

하라 씨는 부친이 창업한 이 회사에서 영업을 맡았다. 그때, 특
히 힘들었던 것이 미쓰코시와의 거래를 튼 일이다.

이미 창업자를 비롯하여 선배사원이 노력을 거듭했으나 전혀
성과가 없었다. 그것을 이어받아 그 후의 절충을 맡은 것이 당시
스물아홉의 하라 씨였다.

하라 씨는 몇 번이나 협상에 나갔다. 2년 동안 매일 저녁 하루
도 빠짐없이 다녔다고 한다. 그래도 전혀 상대해주지 않았다.

결국 부친도 '이제 미쓰코시에는 안 가도 된다!' 라고 포기했다
고 한다.

그러던 어느 날, 하라 씨는 '마지막으로 이것만은 전하고 싶다'
며 평소와 다른 결의를 갖고 미쓰코시의 사입책임자를 방문했다.

5. '잘 듣게 하는 나'를 만들라

그때 그가 한 말은 이것이었다.

"주임님, 평생을 통해 사귀고 싶은 친구를 고른다면 어떤 사람을 고르겠습니까?"

갑작스런 질문에 아마 그 주임은 질문의 의도를 이해하지 못했을 것이다.

하라 씨는 이렇게 말을 이었다.

"저라면 허름한 옷을 입어도 마음은 부자인, 그런 사람을 고르겠습니다."

당시의 메리초콜릿은 초콜릿은 잘 만들었지만 세간에 그 이름이 알려지지 않은 작은 회사였다. 그래서 아무리 애를 써도 상대를 해주지 않았다.

'겉만 보지 말고 좀 더 속 내용을 봐주세요.'

아마 하라 씨는 그렇게 말하고 싶었을 것이다.

"허름한 옷을 입어도 마음은 부자……. 메리는 그런 회사입니다."

이 한마디로 2년간의 영업활동에 종지부를 찍자, 그것이 하라 씨의 결의였다.

당시의 상황을 하라 씨는 저서에서 이렇게 회고한다.

목이 메어서 마지막에는 목소리가 나오지 않았다. 하지만 가슴속의 한을 풀어놓겠다는 생각으로 단숨에 말을 끝내고 자리를 나섰다.

아마 건방진 녀석이라고 생각했을 것이다. 어차피 이제 다시 사무

1미터 테두리 법칙

소를 방문할 일은 없다. 그러니 당당하게 가슴을 펴고 돌아가자. 그 때였다.

"거래합시다."

순간, 귀를 의심했다. 무슨 말인지 이해하는 데 수십 초의 시간이 필요했다. 어떻게 지하철을 탔는지 기억도 나지 않았다. 전철의 진동에 몸을 맡기고 창밖의 어둠속으로 사라져가는 빛을 바라보는 동안에 미쓰코시와의 거래를 따냈다는 기쁨이 실감났다.

'해냈다!' 라는 생각 외에 그때의 기분을 어떻게 표현해야 할지 알 수가 없었다. 제 일처럼 기뻐해줄 사람들이 생각났다.

니혼바시에서 시부야까지가 그렇게 멀게 느껴진 것은 50여년의 인생 중에서 그때가 처음이자 마지막이었다.

하라 구니오, 《감동의 경영》 PHP연구소, 23페이지

하라 씨는 이때의 감동적인 체험이야말로 비즈니스맨으로서 자기 인생의 원점이라고 말했다.

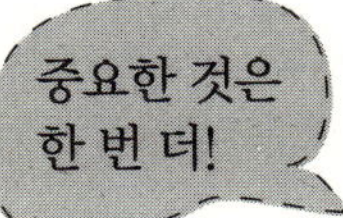

서로 공감하는 것이 어려운 시대일수록 서로 교류하거나 소통할 때의 기쁨은 한층 크다.

전하는 기쁨

자, 지금까지 '잘 듣게 하는 기술'을 주제로 다양한 방법을 소개했다. 이것도 다 독자 여러분과 전하는 기쁨을 공유하고 싶기 때문이다.

자신의 바람이나 생각이 상대에게 전달되고, 그것이 상대의 마음이나 생각에 변화를 일으킨다.

하라 씨의 체험이 말해주듯이 이것은 분명 감동적인 순간이다.

나는 지금까지 경영자나 시민을 상대로 하는 강연과 대학에서의 강의를 계속하고 있다. 이런 의욕을 지탱해주는 것도 역시 전해주는 기쁨이다.

'회사를 경영해본 경험이 없는 학자의 강연 따위, 들어봤자 시시해.'

마치 그렇게 말하고 싶은 것처럼 큰 입을 벌리고 하품을 하던 경영자가 강연 도중에 의자에서 몸을 벌떡 일으키더니 갑자기 가방 속에서 노트와 펜을 찾기 시작한다. 그리고 그것을 꺼내서 내 이야기를 조심스레 메모하기 시작한다……. 이런 광경을 목격했을 때 나도 하라 씨와 마찬가지로 '해냈다!' 라고 소리치고 싶다.

'반경 1미터'의 좁은 관심사 속에서 살아가는 학생들이 내 강의를 계기로 사회의 여러 가지 일들에 관심을 갖는다. 그리고 유행하는 논조를 무비판적으로 받아들이는 것이 아니라 자신의 머리로 생각하기 시작한다. 강의 후에 학생들의 질문에서 그런 변화가 느껴질 때도 역시 '해냈다!'고 소리치고 싶다.

분단의 시대라고 해서 소통을 포기하는 것이 아니라 그런 시대이기에 더욱 더 나의 생각과 감성을 길러서 '주장하는 나'로 살고 싶다.

그 노력은 마침내 전하는 기쁨이 되어 내 인생을 충만하게 만들어줄 것이다.

나는 그렇게 믿고 있다.

자신의 바람이나 생각이 상대에게 전달되고, 그것이
상대의 마음이나 생각에 변화를 일으키면 내 인생도
기쁨으로 충만해진다.

자, 여러분은 여기까지 읽으면서 궁금한 점이 없었는가?

다음은 내가 어떤 모임에서 실제로 받은 질문과 그 대답을 정리한 것이다. 물론 이 중에는 여러분이 가진 의문이 포함되어 있을 수도 있고, 아닐 수도 있다. 하지만 앞으로 여러분이 자기만의 '잘 듣게 하는 기술'을 만들어가는 데 다소나마 도움이 되지 않을까 싶어 참고로 싣는다.

Q 많은 사람들 앞에서 말하려고 하면 나도 모르게 긴장이 됩니다. 긴장하지 않는 기술을 가르쳐주세요.

A 사람을 긴장시키는 건 무엇일까요. 바로 '사람들 앞이니까 멋진 말을 해야 한다'는 의식입니다. 본래의 자신을 속속들이 드러내 보이면 무시를 당한다든지, 많은 사람들 앞에서는 멋있게 보여야 한다는 의식이지요.

긴장을 풀기 위해서는 많은 경험이 필요할지도 모르지만, 중요한 것은 말할 때 듣는 사람과 같은 눈높이에서 공감을 구하는 일입니다. '나는 이렇게 생각하는데 당신은 어떻게 생각해?' 라고 말이지요. '잘 듣게 하는 기술' 은 권위나 지식의 양에 의지하는 것이 아닙니다. 꾸미지 말고 자신의 생각을 청중에게 솔직하게 풀어놓는 것이 중요합니다.

"내가 하는 말은 시시해서……"라고 말하는 학생도 있는데, 자신의 이야기를 시시하다고 생각할 필요는 없습니다. 이런 사람들에게 시시하지 않은 이야기가 뭐냐고 물어보면 대개 권위에서 빌려온 말일 때가 많습니다. 그러나 권위에 의지하는 말이 오히려 더 시시한 법입니다. 듣게 한다는 것은 인기를 끌기 위한 것도 아니고, 자신을 대단하게 보이기 위한 것도 아닙니다.

그래도 긴장할까 봐 걱정되는 사람은 발표 내용을 이야기하는 투로 쓰고, 발표하는 자리에서 그것을 그대로 읽어도 좋습니다.

저도 처음에 학회에서 보고할 때 그렇게 했습니다. 먼저 400자 원고지 한 장분을 이야기하듯이 읽어보고, 시간이 어느 정도 걸리는지 확인합니다. 그리고 저에게 주어진 시간에 몇 매 정도의 원고지가 필요한지 계산합니다. 이 방법을 쓴 덕분에 그날 무사히 보고를 마칠 수 있었습니다. 긴장 방지 대책이라고나 할까요. 처음에는 그런 식으로 조금씩 감각을 익히고, 그러다 보면 점차 익숙해질 것입니다. 그리고 머지않아 애드리브가 늘어 간단한 메모만 있으면 말을 할 수 있게 될 것입니다.

1미터 테두리 법칙

Q 잘 듣게 하기 위해 농담이 꼭 필요할까요.

A 저는 이야기를 하는 도중에 반드시 농담을 합니다. 사람을 웃기는 것 자체를 좋아하기도 하지만, 대부분의 경우는 청중의 긴장을 풀어주기 위해서입니다.

물론 이야기를 듣게 하기 위해서는 말하는 사람과 듣는 사람 사이에 약간의 긴장이 필요하다고 생각합니다. 하지만 줄곧 긴장된 분위기라면 서로가 피곤할 뿐이지요. 따라서 어딘가에서 그 긴장을 풀어야 하는데, 그럴 때 농담이 필요합니다.

그러면 어떻게 하면 사람들이 웃을까요? 이것을 일반화하기란 좀처럼 쉽지 않습니다. 나도 장내의 분위기를 썰렁하게 만든 경험이 셀 수 없이 많습니다. 하지만 여러 번의 시행착오를 겪다 보니 사람들을 웃길 수 있는 이야기를 몇 가지 알게 되었습니다. 그런 웃음창고가 생기면 말할 때도 여유가 생기고, 그 여유가 다시 웃음을 부릅니다.

'이거, 말해도 괜찮을까!' 하고 불안해하면서 말했던 것은 대체로 분위기를 썰렁하게 만들었습니다. 그러고 보면 역시 경험이 필요한지도 모르겠군요.

단, 주의해야 할 것은 사람들을 웃기는 일은 상당히 쾌감이 느껴지는 일이라는 것입니다. 따라서 자기도 모르게 그것이 목적이 되어버릴 위험성이 있습니다. 사실은 저도 여자전문대학에서 학생들을 가르칠 때 학생들을 웃기는 쾌감에 빠진 적이 있습니다.

'잘 듣게 하기' 위한 일문일답

해보면 알겠지만 백 명이 넘는 여학생들이 까르르 웃어주면 그렇게 기분이 좋을 수 없습니다. 그럼, 신이 나서 더 웃기고 싶다는 충동에 빠지는 거지요. 그러나 우리는 코미디언이 아니므로 그것이 목적이 되면 안 되지요. 이것은 저 스스로도 경계하는 의미에서 해두는 말이기도 합니다.

 청중의 시선이 따가워서 저도 모르게 아래를 보게 됩니다.

 제 주변의 학생 중에도 아래를 보고 말하는 사람이 최근에 부쩍 많아진 것 같습니다. 왜 그럴까요.

인간에게는 여러 가지 타입이 있어서 모두가 나를 보고 있다는 생각만으로도 위축되는 사람이 있는가 하면, 반대로 시선이 나에게 쏠린다고 생각하면 힘이 솟는 사람도 있습니다. 이것은 저마다의 성격이므로 어느 것이 더 좋다고 할 수는 없습니다.

하지만 자신이 뭔가 이야기를 할 때만큼은 좀 겸연쩍어도 상대의 눈을 봐야 합니다. 그렇지 않으면 이야기에 설득력이 떨어질 뿐만 아니라, 이야기를 듣는 사람에게도 실례입니다.

청중의 시선이 따갑다고 느끼는 것은 그 (뜨거운) 시선에 맞춰서 '뭔가 멋진 말을 해야 한다' 라든지 '모습은 보여주고 싶지 않다' 라는 의식이 지나치게 강하기 때문입니다.

거듭 말하지만 말할 때는 듣는 사람과 같은 시선으로 공감을 구하는 자세가 중요합니다.

1미터 테두리 법칙

'나는 이렇게 생각하는데, 어떻게 생각해?' 이렇게 말하다 보면
상대의 반응이 신경 쓰여서 저절로 눈을 보게 될 것입니다. 한번
해보십시오. 하다 보면 점점 익숙해질 것입니다.

**Q 강연보다 그 후의 질의응답 시간이 더 재미있었던 적도 있었을 텐데
요, 어떠셨나요?**

A 혼자서 많은 사람들을 상대로 말을 하게 되면 전체의 구성이나
이야기의 틀을 생각해야 합니다. 이야기가 맥락 없이 산만해지면
듣는 사람이 무슨 말인지 이해하지 못하기 때문이지요. 따라서
재미있는 이야기라도 전체의 맥락에 어울리지 않으면 잘라내야
합니다.

이에 비해 질의응답 시간에는 질문의 요지와는 조금 동떨어진 이
야기도 자유롭게 할 수 있지요. 질의응답이 강연보다 재미있다면
첫 번째 이유는 거기에 있을 겁니다.

이야기의 구성이 허술하다거나 구체적인 사례와 추상적인 내용
이 잘 조합되지 않았다거나 여러 가지 이유가 있겠지만, 어쨌든
그런 사람은 강의보다는 세션, 즉 대담 형식으로 이야기하는 것
이 더 적합할지도 모릅니다. 대담 형식에서 더 말을 잘하는 사람
도 의외로 많지 않습니까?

제가 전에 미국에서 강연했을 때의 일입니다. 강연이 끝나고 질
의응답 시간이 되자 일본과 달리 많은 학생들이 손을 들었습니

'잘 듣게 하기' 위한 일문일답

다. 가끔은 깜짝 놀랄 정도로 시시한 질문도 있지만…….

문화의 차이일까요. 미국에서는 질문을 하는 것이 말하는 사람에 대한 일종의 예의라고 생각하는 것 같습니다. 질문을 하지 않는 것은 이야기가 지루했다는 의사 표시가 됩니다. 그런데 일본에서는 꼬치꼬치 캐묻는 것은 실례라고 생각해서인지 질문이 거의 없습니다. 그래서 미국의 학자가 일본에서 강연했을 때 질문이 거의 나오지 않자 실망하여 귀국했다는 이야기도 있습니다.

일본 사람들은 원래 질문하는 것에 익숙하지 않습니다. 하지만 질문을 한다는 것은 그 자리에 주체적으로 참가하는 것입니다. 저는 대학의 세미나에 게스트를 불러서 이야기해달라고 부탁할 때는 학생들에게 훈련한다는 의미에서라도 무엇이든 좋으니까 반드시 질문을 하라고 지도합니다.

Q 옷차림이나 퍼포먼스도 '듣게 하는 기술'에 들어갈까요?

A 중요한 것은 형식에 얽매이지 않는 것입니다. 자연스러운 것이 제일 좋습니다. 예를 들어 강연이니까 옷은 이렇게 입자, 이렇게 행동을 하자가 아니라 그냥 편한 대로 하는 것이 좋다는 겁니다. 저는 옷차림이나 동작, 손짓을 자유롭게 하는 편입니다. 단상에서는 돌아다니면서 말을 할 때가 많은데, 그것은 이야기에 열중하다 보니 자연히 그러는 것뿐이고, 의도적인 것이 아닙니다.

형식에 얽매이면 아마 '~답게'는 보이겠지요. 저도 '~답게' 보

1미터 테두리 법칙

이는 것이 중요하다고 생각합니다. 예를 들어, 학생은 학생답게 열심히 공부해야 합니다. 하지만 더 중요한 것은 그 '~다움'의 틀을 넘어서는 것이 아닐까 생각합니다.

그것을 저는 '~인데도'를 지향한다고 표현합니다. '일개 샐러리맨인데도 중소기업 경영자 같은 감성을 지니고 있다니' '아직 학생인데도 이런 체험을 해봤다니' '학자인데도 말하는 것이 재미있다니'처럼 말이지요. 이렇게 '~인데도'를 지닌 사람이 결과적으로 사람의 관심을 끕니다.

'강연인데도 대화하고 있는 것 같다.'

저는 솔직히 청중들이 제 강연을 이렇게 느꼈으면 좋겠습니다.

Q. 자기도 모르게 말이 빨라져서 말을 많이 하게 됩니다. 침묵의 공포를 참을 수가 없습니다.

A. 그러니까 '사이를 두는 것'이 두렵다는 말인가요? 그 심정은 충분히 이해합니다. 강연 도중에 제가 30초 정도 말을 멈추면 그 30초 동안은 침묵이 강연장 전체를 지배하게 됩니다. 그것이 두려워서 나도 모르게 아무 말이나 하게 되지요. 저도 종종 그렇게 됩니다.

하지만 사이를 두는 기술은 사실 그렇게 어려운 일은 아닙니다. 상대에게 의견이나 동의를 구하고 상대에게 잠시 생각할 시간을 줍니다. 그것은 스스로 마음을 차분하게 가라앉히는 시간이기도

'잘 듣게 하기' 위한 일문일답

합니다.

연설이든 강연이든 언뜻 보면 일방적으로 말하는 것 같지만, 결국 대화입니다. 이것을 깨닫게 되면 이야기를 하는 도중에 자연스럽게 사이를 둘 수 있게 될 것입니다.

Q **선생님께서 '말을 참 잘했다'고 느낄 때는 언제인가요?**

A 물론 저는 강연을 할 때 늘 좋은 이야기를 하려고 애쓰지만, 듣는 사람이 의사 표시를 잘 하는지 아닌지에 따라 강연의 분위기는 전혀 달라지지요.

처음에는 지겨운 얼굴을 하고 듣던 청중의 표정이 점점 달라지면 말하는 쪽도 점차 신이 나게 됩니다. 내가 알고 있는 것을 하나라도 더 알려주기 위해 애쓰게 되지요. 그런 상태에서 말을 했을 때는 이야기가 끝난 후에 만족감이 들게 마련입니다.

마치 캐치볼을 하는 것 같다고 할 수도 있습니다. 이쪽이 좋은 볼을 던지면 상대편에서 더 좋은 볼을 던져주는 거지요.

강연을 할 때는 한 사람이 일방적으로 말하는 것처럼 보이지만, 사실은 그렇지 않습니다. 청중은 웃음소리, 눈빛, 몸을 앞으로 내미는 자세 등 다양한 신호를 보냅니다. 따라서 듣는 사람이 전혀 반응을 해주지 않는 상황에서는 좋은 이야기가 나오지 않습니다. 그런 의미에서 좋은 이야기란 말하는 사람과 듣는 사람의 공동작업으로 만들어지는 것이라고 할 수 있습니다.

1미터 테두리 법칙

Q 강연은커녕 회의에서도 말을 잘하지 못합니다. 어떻게 하면 좋을까요?

A 세미나 시간에 한 마디도 하지 않는 학생에게 왜 그러냐고 물으면 늘 '무엇을 말할지 생각하는 동안 화제가 다른 것으로 넘어가서 발언할 타이밍을 놓쳤다' '다른 사람이 먼저 말을 해버려서 할 말이 없다' 등과 같은 대답이 돌아옵니다.

회의도 마찬가지 아닐까요. 회의가 끝나고 나서야 '그렇게 말할 걸' 이라든지 '그걸 물어볼 걸' 이라는 생각이 드니까요.

그러니 주위를 너무 의식하지 말아야 합니다. 이 자리에서 이런 말을 하면 모두가 어떻게 생각할까에 연연하다 보면, 발언할 타이밍을 놓치게 됩니다.

만약 누군가가의 발언에 의문이 생겼다면 곧바로 '예?' 하고 소리를 내보십시오. 그러면 'ㅇㅇ씨, 질문이 있으신가요?' 라고 물어올 것입니다. 즉, 발언을 해야 하는 상황을 만드는 것이지요. 정 생각나는 말이 없으면 '아니, 잘못 들었으니 다시 한 번 부탁합니다' 라고 말하면 됩니다.

우선은 꾸미지 말고 있는 그대로 반응하십시오. '무슨 그런 시시한 질문을 하나' 라는 말을 두려워하지 않아야 합니다. 자꾸 질문을 하다 보면 좋은 발언을 할 때가 옵니다. 그러니 꾸준히 하는 것이 좋습니다.

대학원에서는 모든 수업이 한 명의 교수를 여러 명의 학생이 둘

'잘 듣게 하기' 위한 일문일답

러싸고 토론하는 연습방식이었습니다. 대학원에 진학할 때 저는 세미나 지도교수에게 이런 말을 들었습니다.

"야마구치 군, 대학원에 가면 한 수업에 한 번은 반드시 발언할 것. 그것만은 꼭 지키게."

저는 이것을 금과옥조처럼 실천했습니다. 교수님들은 말 많은 녀석이라며 이상하게 생각했을지도 모르지만, 덕분에 좋은 공부가 되었다고 생각합니다.

물론 회의에서는 '발언을 위한 발언' 을 하는 사람도 있습니다. 이것은 자신을 있는 그대로 드러낸다기보다 일종의 퍼포먼스라고 볼 수 있습니다. 회의에서 쓸데없는 말을 하면, 중요한 화제에는 도움이 되지 않겠지요. 이것도 주위를 지나치게 의식하는 것이 원인입니다. 따라서 어깨의 힘을 빼고 참가하는 것이 중요합니다.

Q '잘 듣게 하는 기술' 을 배우고 싶어도 애당초 하고 싶은 이야기, 그러니까 이야기의 소재가 없습니다. 어쩌면 좋을까요?

A 그것은 뭔가 그럴듯한 말을 해야 한다고 생각하기 때문입니다. 실제로는 이야기의 소재거리는 얼마든지 있습니다.

예를 들어, 영화를 보고 그 영화를 친구한테 추천한다고 가정해봅시다. 단, 단순히 '봐야 한다' 고 해서는 안 됩니다. 그 친구가 여러분의 이야기를 듣고 '꼭 보고 싶다' 는 생각이 들도록 말하지

1미터 테두리 법칙

않으면 안 됩니다.

그런데 단순히 "그 영화 재미있더라"라고만 말하면 재미가 전달
되지 않습니다. 아무리 감동적인 장면이 있더라도 그것만 간추려
서 말하면 듣는 사람에게 감동은 전달되지 않지요. 영화의 스토
리를 어떻게 재현할지, 거기에 자신의 감상을 어떻게 덧붙일지
꽤 머리를 써야 합니다.

아니면 여러분의 친구를 누군가에게 소개한다고 가정해봅시다.
그때에도 단순히 '만나보고 싶어?' 라고 하면 안 됩니다. '그런
매력적인 사람이라면 꼭 만나고 싶다' 라는 생각이 들게 해야 합
니다. 그러기 위해서는 그 친구에 대해 분석적으로 이해하고 있
어야 하겠지요.

이것은 영화를 보는 눈이나 사람을 관찰하는 힘을 길러줍니다.
그런 능력이 생기면 다른 사람에게 '들려주고 싶은 것' 도 점점
많아져서 소재거리 부족으로 고민하는 일은 없을 것입니다.

Q 이성에게 인기 있는 사람이 되고 싶습니다. '잘 듣게 하는 기술' 이
쓸모가 있을까요?

A 인기가 있느냐 인기가 없느냐의 차이는 어디에 있을까요. 이것을
어떻게 생각하느냐에 따라 달라질 것입니다. 외모에 따라 인기가
좌우된다고 생각하면 '잘 듣게 하는 기술' 은 조금도 쓸모가 없습
니다. 하지만 젊은이들을 보면 결코 외모가 전부는 아닌 것 같습

'잘 듣게 하기' 위한 일문일답

니다. 그도 그럴 것이, 외모만으로 판단하면 전혀 인기가 없을 것 같은 사람이 의외로 인기가 있는 경우가 많기 때문입니다.

역시 인기의 제일 큰 요소는 '같이 있을 때 재미있느냐 없느냐' 가 아닐까요. 따라서 이성에게 인기를 끌고 싶으면 자기와 같이 있을 때 이성을 즐겁게 만들어주면 됩니다. 그럴 때, '잘 듣게 하는 기술' 은 무척 중요한, 아니 오히려 결정적인 요소가 되겠지요.

이야기가 재미있고 흥미진진하다, 설득력이 있고 들으면 도움이 되는 이야기를 하는 사람이 인기가 없을 리 없습니다. 이성에게 인기를 얻고 싶다면 이 책 《잘 듣게 하는 기술》을 꼭 한 번 읽어 보기 바랍니다.

Q **백수에다 애인에게도 차였습니다. 그런 저도 '잘 듣게 하는 기술'로 사람들에게 귀를 기울이게 할 수 있을까요?**

A 물론입니다. 오히려 좋은 소재거리가 될 수 있습니다. 대부분의 사람은 다른 사람의 행복한 이야기보다 불행한 이야기를 더 좋아하는 법입니다.

더구나 많은 사람들이 누구나 실연한 체험을 갖고 있습니다. 실직의 경우는 비록 직장을 잃은 적은 없더라도 그에 대한 공포심은 누구나 많든 적든 갖고 있지요. 따라서 다들 공감할 수 있을 것입니다.

그것만이 아닙니다. 이런 체험을 다른 사람에게 말하게 되면, 자

1미터 테두리 법칙

신을 객관적으로 볼 수 있게 됩니다. 이를 통해 다시 일어설 힘을 얻을 수도 있겠지요. 불운한 체험을 하고 풀이 죽었을 때, '이것도 이야기의 소재거리가 될 수도 있다'는 생각이 여러분의 머리를 스치면 그것은 이미 재기의 시작이 될 것입니다.

Q 영업을 할 때 써먹을 수 있는 '잘 듣게 하는 기술'이 있을까요?

A 이 책의 3장에 나왔던 '유래'와 '숫자'를 활용하는 방법을 기억하나요? 이것은 영업활동을 할 때도 크게 도움이 됩니다.

원래 영업의 화술이란 단순히 상대에게 붙임성 있게 말을 건다고 되는 것이 아닙니다. 듣는 사람에게 이야기를 제대로 전달하여 신뢰를 얻거나 납득시키는 일이 중요합니다. 그러기 위해서는 역시 자기만의 잘 듣게 하는 기술이 필요합니다.

이야기 속에 흥미진진한 유래를 집어넣거나, 적확한 숫자를 제시하면 듣는 사람은 쉽게 납득하게 됩니다. 이것은 말하는 사람의 능력을 평가하는 것으로 연결되고, 그것이 또한 거래 상대로서 믿음을 줍니다.

숫자를 활용하는 예는 일상생활에서 자주 볼 수 있습니다. 최근에는 자주 가는 안과에서도 볼 수 있었습니다.

사소한 증상이라도 안과에 가게 되면 불안하게 마련입니다. 그런 불안감을 안고 병원에 가면 그 의사선생님은 매번 숫자를 예로 듭니다.

'잘 듣게 하기' 위한 일문일답

"환자분 같은 증상으로 이 병원에 오는 분은, 그렇지, 하루에 세 명 정도 되나."

다른 증상으로 이 병원을 방문했을 때도 그런 식입니다.

"이 증상으로 오는 환자는 한 달에 열 명 정도 되나."

저는 내 증상이 드문 게 아니라 흔한 거라는 말을 듣게 되므로 일 단 안심할 수 있습니다. 그래서 그런지 '이 병원에 와서 다행이 다'라고 느낍니다. 그런 의미에서는 이 또한 영업에 도움이 되는 '듣게 하는 기술'의 하나라고 할 수 있겠지요.

Q **'잘 듣게 하는 기술'은 왜 필요한가요?**

A 인간은 아무리 강해도 누군가에게 이해받고 싶어 하고, 상대방을 이해시키고 싶어 합니다. 또 인간은 타인과 대화를 주고받으면서 뭔가를 발견하고 발전시키기기도 합니다. 진리도 타자와의 논의 를 통해서 비로소 발견할 수 있습니다.

그런데 최근에는 사회환경이나 가정환경의 변화 등으로 누군가 와 공감하거나 가치관을 공유하는 일이 점점 어려워지고, 서로 대화를 나누는 일도 드물어졌습니다. 내 이야기를 듣게 하지도, 남의 이야기도 듣지도 않습니다.

사실 커뮤니케이션은 '기술'이 아니라고 생각합니다. 하지만 저 는 그것이 희박해진 시대에는 일단 기술로 분류해도 좋을 것 같 았습니다. 그리고 그것을 통해 뭔가를 깨닫거나 조금씩이라도 달라지면 좋지 않을까 하는 의미에서 일단은 '잘 듣게 하는 기술' 부터 시작하자고 생각했습니다.

컴퓨터, 문자, 휴대전화 등 커뮤니케이션의 도구가 눈부시게 발달했지만 인간관계는 어딘가 부족한 것이 현실입니다. 하지만 커뮤니케이션이 희박해지고 있어서 문제라고 아무리 사회평론을 해봤자 아무것도 변하지 않습니다. 그래서 저는 직접 '잘 듣게 하는 기술'에 대해 책을 써보자고 생각한 것입니다.

잘 듣게 하는 기술.

솔직히 말을 잘 못하면 좀 어떻습니까? 말은 잘할 수도 있고 못할 수도 있습니다. 하지만 자신의 생각을 누군가에게 전해야 할 때, 제대로 전달되지 않으면 문제가 됩니다. '전한다' '듣게 한다'는 것은 매우 중요한 일입니다. 따라서 저는 앞으로도 잘 듣게 하는 기술의 중요성을 계속 주장할 생각입니다.

'잡담이 없는 수업'

대학수업 중에도 예를 들면 '커뮤니케이션론' 같은 과목이 있다. 하지만 나는 그런 분야를 전문으로 하는 학자가 아니다.

나는 경제학자이며, 더구나 커뮤니케이션 등과는 거의 인연이 없는 금융론 학자다.

그런 내가 왜 '잘 듣게 하는 기술'을 쓰게 되었을까. 마지막으로 그 경위를 간단히 말씀드리겠다.

지금으로부터 10년 정도 전에 릿교대학의 학내잡지인 〈대학교육연구포럼〉에 내 수업이 소개된 것이 시작이었다.

그 글을 쓴 이는 고바야시 준 씨로, 대학원 선배이자 같은 경제학부의 교수님이다. 잠시 그 문장을 인용할 테니 한번 읽어보기 바란다.

당시 나는 평범한 강의실이 아닌, 졸업식이나 입학식이 열리는 릿쿄대학의 대강당에서 금융론 강의를 했다.

'이렇게 조용하다니 대학 강의답지 않다' 며 카메라맨이 깜짝 놀랐다. 여러 대학의 프로모션비디오를 제작하는 그를 놀라게 한 것은 700명 가까운 학생이 잡담도 하지 않고 열심히 강의에 귀를 기울이는 모습이었다. 부언하면 촬영이 있어서 잡담을 하지 않은 것이 아니다. 그것이 일상화되어 있기에 진정으로 놀랄 만한 일인 것이다. 잡담이 들리지 않는 조용한 수업, 큰 교실을 담당하는 교원에게는 꿈과 같은 모습이 더구나 교실도 아닌 대강당에서 실현된 것이다.
– 중략 –
여기서 소개하는 것은 릿쿄대학 경제학부에서 금융론을 담당하는 야마구치 요시유키 씨의 사례다. 이수자 약 950명 중, 출석자는 매회 500~700명이나 된다고 한다. 높은 출석률을 유지하면서도 잡담이 없는 상태를 만들기까지는 남다른 노고가 있었을 터. 본인에게 그 고생담을 들었다.

고바야시 준, 〈잡담이 없는 수업 − 하나의 사례보고〉

《대학교육연구포럼》 1996년 3월, 89페이지

그 글은 이런 식으로 시작된다. 위의 말대로 힘든 점도 있었지만, 그렇다고 해서 그 고생담을 말할 정도로 잡담이 없는 수업이 대단하다고 생각지는 않았다. 나는 오히려 이 글을 계기로 '이것이 대단한 일이구나' 라고 생각하게 되었다.

실제로 이 글을 읽은 몇몇 교원이나 직원이 내 수업을 참관하러 왔다. 《수업을 바꾸면 대학이 변한다》 (야스오카 다카시 외, 프레지던트 사, 1999)란 책에도 내 수업이 소개되었다.

"잡담이 없는 수업이라니 대단하다!"

그렇게 생각하고 교단에 서니 정말 그럴지도 모른다고 생각하게 되었다.

1미터 테두리 법칙

노력은 보답을 받는다

700명 정도의 젊은이들이 한자리에 모인다.

소리 내어 웃으면서 떠드는 남학생, 멀리 떨어진 위치에서 손을 흔들며 큰소리로 서로의 이름을 부르는 여학생, 남자든 여자든 각자 마음 내키는 대로 큰 소리로 떠든다. 이들이 내는 소리는 이미 잡담을 넘어서 소음이다.

이런 상태의 대강당이 내가 마이크를 잡고 이야기를 시작하면 수초 후 쥐 죽은 듯이 조용해진다. 듣고 보니 정말로 대단하지 않은가.

'나는 대체 어떻게 해서 이런 듣게 하는 기술을 터득한 것일까.'

'잠시 자기분석을 해보는 것도 나쁘지 않겠군.'

이런 식으로 생각하게 되었을 무렵, 어디선가 잡담이 없는 수업에 대한 소문을 듣고 출판 에이전트 회사인 애플시드 에이전시의 시미즈 히로시 씨가 나를 찾아왔다.

그가 잘 듣게 하는 기술을 주제로 책을 내보지 않겠느냐고 제안했을 때 흥미를 느낀 것은 이런 사정이 있었기 때문이다.

나만의 노하우가 대학교수만이 아니라, 사람들 앞에서 말하는 것을 두려워하는 보통 사람들에게 도움이 된다면 더 바랄 게 없다는 마음으로 제안을 받아들였다.

그러나 제안을 받아들인 또 다른 이유는 바로 '듣게 하는' 것을 포기한 많은 사람들에게 이 책을 통해 용기를 주고 싶었기 때문이다.

"강의실에서 떠드는 것은 이미 사회현상이다. 지금의 대학 강의에서는 어쩔 수 없다."

이런 식으로 체념한 교사들에게 '그렇지 않다. 의욕만 있으면 얼마든지 조용하게 만들 수 있다' 라고 말해주고 싶었다.

스스로 말을 못한다며 사람들 앞에서 말할 기회를 피하는 사람들에게도 포기하지 말라고 격려해주고 싶었다.

1미터 테두리 법칙

한마디로 말해서 '노력하면 반드시 결과가 따라온다' 고 말하고 싶었던 것이다.

이것은 '1+1은 반드시 2가 된다' 라고 말하는 것이나 마찬가지다. 이 나이에 좀 유치하다는 생각은 들지만, '분단의 시대' 인 지금에야말로 그것을 정면으로 주장하고 싶었다.

물론 이런 의도가 성공했는지는 독자 여러분의 판단에 맡길 수밖에 없다.

그런데 앞서 소개한 《대학교육연구포럼》의 글에서 고바야시 씨는 내 수업의 사례 소개를 이런 식으로 맺었다.

현재, 야마구치 씨의 금융론 수업은 경제학부생 사이에 하나의 신화가 되었다. 강의 시작 전, 교단 앞에는 학생들이 갖다놓은 주스가 몇 개나 놓여 있다. 여름방학이 끝나고 1학년에게 앞으로 무엇을 공부하고 싶은지 물어보면 많은 학생들이 '3학년이 되면 야마구치 교수님의 금융론을 듣고 싶다'고 대답한다. 이것은 내가(고바야시 씨 – 필자) 직접 체험한 일이다. 그리고 세미나에 속한 학생들은 세미나 발표를 위해 햄버거 가게에서 밤새도록 토론을 한다. 이렇게 대강당에서 많은 수의 학생을 상대로 온몸이 땀으로 범벅이 되어 강의하는 야마구치 씨의 노력은 지금 보답을 받고 있다. 노력은 학생에게 전달된다. 학생들은 똑똑히 보고 있는 것이다.

고바야시 준, 〈잡담이 없는 수업 – 하나의 사례보고〉

《대학교육연구포럼》 1996년 3월, 90페이지

노력은 보답을 받는다!

이 책을 읽은 여러분도 다양한 기회를 통해 그것을 실감하기를 진심으로 기원한다.

경제가 주제가 아닌 저작은 나에게 최초의 도전이었다. 그럴 때 의지가 된 것이 원고를 읽고 솔직하게 감상을 말해준 독자 모니터들이다. 이번에는 릿교대학의 야마구치 세미나생들이 그 역할을 맡아주었다. 그 중에서도 요시무타 마코토 씨는 건초염으로 고생하는 나를 위해 구술 필기까지 담당해주었다. 이런 분들의 도움으로 마침내 책을 간행하게 되었다. 이 자리를 빌려 감사의 인사를 전한다.

가와데쇼보신샤 편집부의 야마모토 하마다마 씨, 그리고 이 책의 집필의 계기를 마련해준 애플시드 에이전시의 시미즈 히로시 씨는 곁에서 격려해주면서 인내심 있게 탈고를 기다려주었다. 다시 한 번 진심으로 감사의 인사를 전한다.

2008년 3월

야마구치 요시유키

강의, 강연, 프레젠테이션하는
사람들을 위한

1미터테두리법칙

초판 1쇄 인쇄	2010년 1월 7일
초판 1쇄 발행	2010년 1월 17일
지은이	야마구치 요시유키
옮긴이	전경아
펴낸이	이대희
펴낸곳	지훈출판사
기획편집	허남희
디자인, 제작	심정희
마케팅	신진식, 윤태영
교정, 교열	이홍림
경영지원	안지영, 김정미
공급처(서경서적)	전화 02-737-0904 팩스 02-723-4925
출판등록	2004년 8월 27일 제300-2004-167호
주소	서울시 종로구 필운동 278-5 세일빌딩 지층
전화	02-738-5535~6
팩스	02-738-5539
E-mail	jihoonbook@naver.com

편집저작권ⓒ2010 지훈출판사
ISBN 978-89-91974-29-6 13320

잘못 만들어진 책은 구입하신 서점에서 교환하여 드립니다.